ワタナベマキの梅料理

NHK出版

まえがき

子どものころから、祖母や母と一緒に手づくりしていたこともあり、梅干しは私の大好物です。一人暮らしを始めてからも、梅干しだけは必ず実家から送ってもらって、きらさず。今は自分で漬けるようになり、台所にないと困ってしまうくらい、私の料理には欠かせないものになりました。

梅干しは、酸っぱいだけではなく、味に深みを出したり、素材のくせを抑えたり、肉や魚を柔らかくしたりする効果で料理をグッと底上げしてくれる、「おいしさ」の塊。ご飯のお供であるとともに、大事な調味料の一つなのです。

買ってきた梅干し、自分で漬けた梅干し、どんなふうに食べていますか？
白いご飯に、おかゆに、おにぎりに……だけではもったいない！
この本では、日々、繰り返しつくっている定番料理に、
梅干しを加えるアイデアを紹介しています。
私にとって梅干しは、砂糖や塩と同じくらいに身近な調味料。
「さ（砂糖）・し（塩）・す（酢）・せ（しょうゆ）・そ（みそ）」の次に
梅干しの「う」を加えたい、と思うほど！　ぜひ皆さんも、
一粒の梅干しから生まれる新しいおいしさを発見してください。

ワタナベマキ

目次

まえがき 2

うちで人気のベスト10 7

・梅から揚げ 8
・梅角煮 10
・梅ポテサラ 12
・豚肉とレンズ豆の梅煮 14
・梅ひじきご飯 16
・梅ぶり大根 18
・梅だし巻き 20
・梅のりつくだ煮 22
・梅切り干し 24
・梅と干ししいたけのスープ 26

私の梅仕事 29

・梅干し 30
・青梅シロップ 34
・青梅のりんご酢漬け 34
・青梅の甘露煮 36

梅料理の法則 37

〈味つけは梅だけ〉
・梅もやし炒め 39
・梅白あえ
　スナップえんどうの梅白あえ 41
　れんこんの梅白あえ 41
・あじの梅たたき 42
・蒸し里芋の梅あえ 44
・たたき長芋とひき肉の梅炒め 45
・かじきとパクチーの梅春巻 46

〈梅＋だしで〉
・野菜の梅びたし
　カリフラワーの梅びたし 49
　ミニトマトの梅びたし 50
　小松菜の梅びたし 50
　揚げなすの梅びたし 51
・梅ひたし豆 52
・さつまいもの梅煮 53

〈梅＋油で〉
・梅モッツァレラ 55
・アボカドとハーブの梅サラダ 56
・魚介の梅マリネ 57
・蒸しねぎの梅マリネ 58
・梅バターポテト 59

梅で毎日！ おかずと麺 61
・鶏の梅照り焼き 62
・さばの梅照り焼き 64
・ぶりの梅照り焼き 65
・梅きんぴら 66
・焼きしいたけの梅みそあえ 67
・牛すじとこんにゃくの梅煮 68
・梅つくね 69
・大根と油揚げの梅おでん 70
・梅しゃぶしゃぶ 72
・梅チャーシュー 74
・梅酢豚 76
・梅サンラータン 77
・ゴーヤーの梅チャンプルー 78
・梅フィッシュカレー 80
・梅ボンゴレ 82
・ささ身とパクチーの梅混ぜ麺 83

一年中の梅ご飯 86
・梅おかかご飯 87
・梅と新しょうがのご飯 88
・梅とうもろこしご飯 90
・梅れんこんご飯 92
・梅とゆり根のご飯 93

梅干しについて

この本で使っている梅干しは、塩分14%で粒が大きめのものです（1コの重さは約20g、1コあたりの塩分量はおよそ2.2g）。

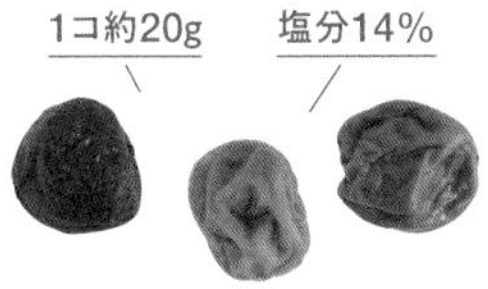

白梅干しでも、赤じそ漬けの梅干しでも！

塩分濃度の異なる梅干しを使う場合は、この数値を目安に量を加減してください。小さい梅干しなら数を多めに。塩分濃度が低い梅干しなら、好みで塩を加えるなどして味を調えるとよいでしょう。

★梅干しの漬け方は、「私の梅仕事（P.29～）」を参照してください。

column

梅干しってすごい 6
わが家の梅ライフ 28
元気がない日は梅養生 60
梅醤で一杯 84
・梅醤 84
・梅醤かまきゅう 85
・梅醤やっこ 85
お茶の時間に 94
・はちみつ梅 94
・梅からみ餅 95

この本の使い方

●この本で使用している計量カップは200mℓ、計量スプーンは大さじ1＝15mℓ、小さじ1＝5mℓです。1mℓは1ccです。

●材料表の下のエネルギー、塩分は、特にことわりのないかぎり、およその1人分の数値です。時間はおよその調理時間です。

●この本で使っている「だし」は、特にことわりのないかぎり、昆布・かつお風味のだしです。

●魚焼きグリルなどの調理器具は各メーカーの使用説明書などをよくお読みのうえ、正しくお使いください。

●加熱調理の際にアルミ箔《はく》を使用する場合は、使用説明書に記載の耐熱温度などを確認のうえ、正しくお使いください。

●保存に使う瓶や保存容器は、消毒したものをお使いください。また、食べごろや保存期間は目安です。季節によって変わることがあります。

梅干しってすごい

昔から「梅はその日の難逃れ」といわれています。
朝に梅干しを食べると、その日1日は
食あたりや病を逃れて元気に過ごせるという意味。
おいしいだけでなく健康にもよいからこそ、
手間をかけても「梅干しを漬ける」という食文化が
受け継がれてきたのでしょうね。
梅干しの健康効果について、ちょっとお勉強しました。

体をシャキッと、元気に！

梅干しの酸味のもとである「クエン酸」は、体内にとり入れた栄養素をエネルギーに変える働きを活発にしてくれるのだそう。

梅干しを食べると、その酸っぱさやしょっぱさで気分がシャキッとしますが、体にも元気をチャージできるならうれしい限りです。

暑い季節も食欲増進！

梅干しは、食べて味わうだけでなく、その酸っぱさを想像しただけでも唾液が出ます。酸味によって唾液や胃液の分泌が促されると、食欲が増進すると同時に、食べ物の消化もスムーズに。

暑くて食欲の落ちる季節に梅干しのような酸っぱいものを食べるのは、理にかなった習慣なんですね。

カルシウムの吸収をアップ！

カルシウムはふだんの食事でも不足しがちなうえ、体内で吸収されにくいミネラルですが、梅干しに含まれている「クエン酸」には、その吸収を助ける働きがあるといわれています。

「いわしの梅煮」のように骨付きの魚と一緒に煮るのは理想的な調理法。カルシウムの多いチーズなどと合わせるレシピもいろいろ考えてみたいなと思います。

※梅干しにはこのほかにもさまざまな健康効果があるといわれていますが、塩分の高い食品ですので、食べすぎないように注意してください。

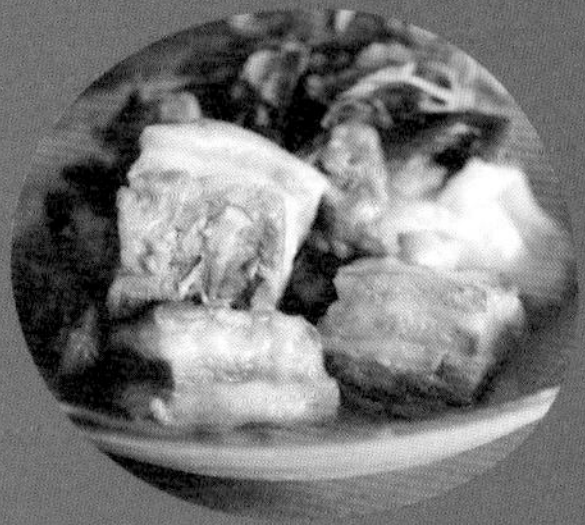

うちで人気のベスト10

わが家では、梅干しはそのまま食べるよりも、
調味料として料理に使うほうが多いくらい。
酸っぱい梅干しがちょっと苦手な夫も、
味つけのアクセントやうまみ出しにすれば
喜んで食べてくれます。
数あるうちの定番のなかでも
特に家族やお客様に好評でリピートしている
10のレシピをご紹介しましょう！

第1位
梅から揚げ

どこのおうちでも、鶏のから揚げは人気メニューですよね。そのから揚げの鶏肉に、衣の材料と梅干しをもみ込んで揚げると、とっても柔らかくジューシーに仕上がるんです。油のコクにキリッとした梅の酸味がいいアクセントになるからか、まったく食べ飽きることがありません。

から揚げの衣には卵あり、卵なしの二通りがありますが、梅から揚げには卵ありがおすすめ。外側がカリカリになるまでしっかりと揚げても、中はふんわり。冷めてもおいしいので一度にたっぷりつくります。お弁当のおかずにもよし、マヨネーズをつけてパンにはさむのも、翌日のお楽しみ！

材料（3~4人分）

鶏もも肉　2枚（500g）

A
- 梅干し　（大）3コ（60g）
- 卵　1コ
- 酒　大さじ2

ししとうがらし　8~10本

●小麦粉・かたくり粉・揚げ油

◉390kcal　◉塩分2.0g　◉25分

①－鶏肉は好みで皮を取り除き、4~5cm角に切ってボウルに入れる。**A**を加え、梅干しの果肉をちぎりながら、手でよくもみ込む。

②－**1**に小麦粉大さじ2を加えて混ぜ、梅干しの種を除く。かたくり粉大さじ4を加え、全体にまぶす。

③－揚げ油を中火で170℃に熱し、**2**を揚げる。軽く色づいたら火を少し強めて180℃に上げ、表面がカリッとしてきつね色になったら、取り出して油をきる。

④－ししとうはヘタの先を切り、縦に1本切り目を入れる。**3**の揚げ油でサッと揚げ、鶏肉とともに器に盛る。

肉の下味は酒と梅干しだけでOK！　卵を加えると肉がふんわり。時間があれば、冷蔵庫に半日ほどおくと味がよくなじみます。

最初は中火でジュワジュワジュワ。周りが固まるまで触らず、じっと見守り……

最後に油の温度を上げ、肉を持ち上げて空気に触れさせながら揚げるのが、カリッとさせるコツ。

第2位

梅角煮

お客様の来る日。ちょっといいことあった日。梅角煮は、そんな日に必ずつくる、私のイチ推し梅おかずです。豚の塊肉を煮込むので時間はかかりますが、つくり方も味つけも、いたってシンプル。失敗なしのごちそうです。煮汁の材料は酒と水と梅干しだけなんて、手軽で覚えやすいでしょう?

脂の多い豚バラ肉も、下ゆでの一手間と梅干しの効果で柔らか〜く、そしてさっぱり。甘辛いしょうゆ味の角煮とは、また違ったおいしさです。一緒に煮込んでトロトロになったねぎと梅干しをソースがわりにからめて、どうぞ召し上がれ!

豚肉は下ゆでして余分な脂とアクを除いてから、大きめに切ります。肉のくせを抑える役割のしょうがは、皮付きで。

まずは肉の表面をこんがり、香ばしく!

梅干しは手でつぶすようにくずして加えます。

こんなふうに沸いてきたら落としぶたをして、あとはゆっくり煮るだけです。

材料(3〜4人分)

豚バラ肉(塊)　500g

ねぎ　1本

しょうが　1かけ

梅干し　(大)3コ(60g)

せり(ザク切り)　適宜

●ごま油・酒

◉470kcal　◉塩分1.8g

◉1時間45分*

*ゆでた肉の粗熱を取る時間は除く。

①－豚肉は長さを半分に切って鍋に入れ、かぶるくらいの水を加えて中火にかける。煮立ったら弱めの中火にし、10分間ほどゆでて湯を捨てる。粗熱を取り、4～5㎝幅に切る。

②－ねぎは7㎝長さに切る。しょうがは皮付きのまま薄切りにする。

③－鍋をきれいにしてごま油小さじ1を中火で熱し、**1**の肉を焼く。表面全体に焼き目をつけ、ねぎ、しょうがを加え、梅干しを手でくずしながら加える。

④－酒80mℓを加え、水をかぶるくらいに注ぐ。ひと煮立ちさせてアクを除き、落としぶたをして、弱火で1時間20分ほど煮る。肉が柔らかくなったら器に盛り、あれば、せりを添える。

第3位
梅ポテサラ

ポテトサラダに欠かせない調味料といえば、マヨネーズ。ですよね。でも、うちの息子はなぜかマヨネーズが苦手。なので、ポテトサラダをつくるときはマヨネーズの量を極力減らし、ヨーグルトでコクを出すようにしています。

そして、酢のかわりに加えているのが梅干し。梅とじゃがいもの組み合わせが大好きなんです（息子ではなく、私が、ですね）。砂糖を使わなくても、ほんのり甘〜い梅の香りだけで十分。というわけで、わが家のポテサラは、油も甘さも控えめのさっぱり味が定番です。

材料（3〜4人分）
じゃがいも　4〜5コ（500g）
たまねぎ　1/3コ（70g）
ゆで卵　1コ
梅干し　（大）2コ（40g）
A｜プレーンヨーグルト（無糖）　大さじ1
　｜マヨネーズ　大さじ1
青じそ　8枚

◉140kcal　◉塩分1.2g　◉35分

じゃがいもは蒸したてのほうがつぶしやすく、味もよくなじむので、アツアツでもちょっとがまんして皮をむきます。やけどに注意！

①－じゃがいもはよく洗って皮付きのまま、蒸気の上がった蒸し器（またはせいろ）で20〜25分間蒸す。

②－たまねぎは繊維に沿って薄切りにし、5分間ほど水にさらす。ざるに上げて水けをきり、紙タオルにはさんで水けを押さえる。ゆで卵は殻をむいてざっと刻む。梅干しは種を除いて包丁で果肉をたたき、**A**を加えて混ぜる。

このままでもおいしそう。だけどためらわず、どんどんつぶして……

③－**1**のじゃがいもに竹串がスッと通るようになったら火から下ろし、1コずつ紙タオルや布巾でくるむようにして、熱いうちに皮をむく。ボウルに入れ、フォークで粗くつぶす。

手早くあえていきますよ！

④－**3**に**2**を加えてあえ、食べる直前に青じそをちぎって加え、サッと混ぜる。

第4位 豚肉とレンズ豆の梅煮

レンズ豆、よく使うんです。真ん中がふくらんでいて、カメラのレンズのような形をしている小さな豆。「レンズに似ているからレンズ豆」なのではなく、この豆の名前がレンズの語源なのだそうですよ。炒めた香味野菜や豚肉と一緒に煮込むとホクホクとして、「フランスの田舎の家庭料理」的な、やさしい煮物になります。

西洋では煮込み料理の隠し味にビネガーが使われますが、かわりに梅干しを加えてみたら、想像以上のおいしさに。塩けも程よく、種からも風味が出てプラムのような甘酸っぱさも感じられます。ワインによく合い、豆好きな女性のお客様に喜ばれる一品です。

材料（3~4人分）
豚ロース肉（厚切り／豚カツ用）　2枚（300g）
レンズ豆（乾）　80g
たまねぎ　1コ（200g）
セロリ（茎）　1本（100g）
にんにく（みじん切り）　1かけ分
白ワイン　80mℓ
梅干し　（大）2コ（40g）
パセリ（みじん切り）　小さじ2
●オリーブ油

◉330kcal　◉塩分1.2g　◉50分

「梅の種からもおいしい風味が出ますように」と念じながら、菜箸で果肉を軽くほぐします。

ゆでて水けをきったレンズ豆。水で戻さず使えるから、何かと出番が多いんです。

①– レンズ豆はサッと洗って水けをきり、鍋に入れる。かぶるくらいの水を加え、中火にかける。煮立ったら弱めの中火にし、約10分間ゆでてざるに上げる。

②– たまねぎ、セロリは1㎝角に切る。豚肉は3㎝四方に切る。

③– 鍋にオリーブ油大さじ1とにんにくを入れて中火にかけ、香りがたったら**2**のたまねぎとセロリを加えて炒める。野菜が透き通ってきたら豚肉を加え、こんがりと炒める。

④– **1**の豆と白ワインを加えて水をヒタヒタに注ぎ、梅干しを菜箸でくずしながら加える。ひと煮立ちさせてアクを取り、弱火にして約30分間煮る。肉が柔らかくなったら火から下ろし、パセリをふる。

第5位 梅ひじきご飯

私が繰り返しつくるふだんのおかずは、祖母や母から受け継いだ味が自然と多くなっているように思います。この梅ひじきご飯もその一つ。小さいころから食べ続けてきた、大好きなご飯です。よくお弁当にも入っていたなぁ……。刻んだカリカリ梅でつくっていることもありました。
もちろん、梅ひじきをご飯に混ぜずに、おかずとして食べても。乾物のひじきなら一年中楽しめますが、春に出回る生ひじきでつくると歯ざわりもよく、格別です。

アツアツのご飯にのせるだけでもいいんですが……

↓

サックリ混ぜて混ぜて。

材料（3~4人分）
ご飯（温かいもの）　約700g（米2合分）
芽ひじき（乾）　20g
細ねぎ　3本
梅干し　（大）3コ（60g）
A｜酒　大さじ2
　｜みりん　大さじ1
白ごま　大さじ1
●ごま油

◉350kcal　◉塩分1.9g　◉15分*
＊ひじきを戻す時間は除く。

① – ひじきはたっぷりの水に20~30分間つけて戻し、ざるに上げてサッと洗い、水けをよくきる。細ねぎは小口切りにする。

② – フライパンにごま油小さじ2を中火で熱し、**1**のひじきをサッと炒める。梅干しを加えてくずしながら炒め、全体に混ざったら**A**を加え、汁けがなくなるまで炒め煮にする。

③ – 炊きたてのご飯に**2**を加え、サックリと混ぜる。白ごまをふり、細ねぎを散らす。

どんどんおかわりしてください！

第6位 梅ぶり大根

魚には梅干しを加えて煮る。昔ながらの方法ですね。梅干しの役割は、魚のくせを抑えるだけではありません。こんなふうに砂糖もしょうゆも加えずに、梅と酒、水だけで煮てみると、「梅がいい味をつけてくれるんだなあ」と実感できます。あめ色のぶり大根を想像している人には、ちょっと意外に思われるかもしれませんが、あっさりしていて食べやすいんですよ。大根のみずみずしさも引き立ちます。

　ぶりのアラの下処理が面倒なときは、切り身を使えば、さらに手軽につくれます。白いご飯はもちろん、お酒のお供にもピッタリです。

材料（3~4人分）
ぶり（アラ）　300g
大根　½本（500~600g）
梅干し　（大）4コ（80g）
昆布（5cm四方）　1枚

A	酒	80mℓ
	水	カップ1½

すだち（半分に切る）　1コ分

◉180kcal　◉塩分2.3g　◉40分

①－大根は2cm厚さに切って皮をむく。半月形に切り、縁の角を削り取る（面取り）。鍋に入れてかぶるくらいの水を加え、中火にかける。沸騰したら弱めの中火にし、約6分間ゆでてて水にとり、ざるに上げる。

②－ぶりは食べやすく切る。鍋にたっぷり湯を沸かし、ぶりをサッとくぐらせて冷水にとり、血合いや汚れをこすり取る。流水でサッと洗い、ざるに上げて紙タオルで拭く。

③－鍋をきれいにして**1**と**2**を入れる。梅干しを手でくずして加え、堅く絞ったぬれ布巾で昆布をサッと拭いてのせる。

④－**A**を加えて中火にかけ、ひと煮立ちさせてアクを取り、落としぶたをして弱火で約15分間煮る。器に盛り、すだちを添える。

すだちを搾ってどうぞ！

できたてもおいしい。冷まして
味を含ませても、またおいしい。

落としぶたをして、煮汁
を全体に回します。オー
ブン用の紙を鍋のサイズ
に合わせて切り、中央に
穴をあけてかぶせても。

油は紙タオルですみずみまで薄く塗り広げましょう。卵焼き器を十分に熱して、卵液をジューッ。

最初に流した卵液はラフに固まればOK。奥のほうに寄せて、2杯目を流します。

手前を菜箸で押さえ、フライ返しで巻いていけば失敗なし。

うちは家族そろって卵焼きは、断然「甘くない派」です。卵をだしで溶いてふんわりと焼いた「だし巻き」は、息子の大好きなおかず。休日の朝ごはんにも、お弁当にもよくつくります。

特に行楽弁当に入れるだし巻き卵って、屋外で食べるからなのか、「ちゃんと」味がついていないとおいしく感じないものですね。そこで卵液に加えてみたのが、梅干し。だしを濃いめにすれば、梅干しだけで、塩もしょうゆも加えずに「ちゃんと」味がつくんです。塩けは程よく、ほんのり酸っぱく、おにぎりやおいなりさんとの相性もバッチリ。

材料（3~4人分）
梅干し　（大）3コ（60g）
卵　4コ
だし（濃いめのもの）　120mℓ
●ごま油

◉100kcal　◉塩分1.9g　◉15分*
＊粗熱を取る時間は除く。

①– 梅干しは種を除き、果肉を包丁でたたく。

②– ボウルに卵を割りほぐす。だしを加えながら泡立てないように混ぜ、**1**を加えて混ぜる。

③– 卵焼き器にごま油小さじ2を中火で熱して全体に塗り広げ、弱火にし、**2**の卵液を玉じゃくし1杯分流し入れて広げる。菜箸でかき混ぜて、半熟状になったら奥側に寄せる。

④– 手前側にごま油少々を塗り、再び玉じゃくし1杯分の卵液を流す。焼けた卵を持ち上げて、下にも卵液を流し込み、奥側から手前側に向かって巻く。これを繰り返し、全量を焼く。

⑤– 形を整えて取り出し、少し粗熱を取って食べやすく切る。

第7位
梅だし巻き

ところどころに
梅、見えますか？

のりのつくだ煮って市販品に頼りがちですが、実は手づくりも簡単なんですよ。自家製のいいところは、甘くなりすぎないように調節ができるところ。梅干しを加えて煮るとしょうゆも少量で十分に塩けがつきますし、香ばしいのりの風味が引き立ちます。甘みはみりんで上品に。のりと梅干しの組み合わせですから、間違いなくご飯のすすむ味です。

保存期間？　朝ごはんに、お弁当に、ゆでた野菜とあえたり……と、あっという間に食べきってしまうので、わが家では「保存する」間がありません。値段の安いのりでもおいしくできるので、しょっちゅうつくっています。

第8位

梅のりつくだ煮

材料（つくりやすい分量）

焼きのり（全形）　10枚

A
- 梅干し　（大）3コ（60g）
- だし　カップ1½
- 酒　大さじ2
- みりん　大さじ1

●しょうゆ

◉120kcal（全量）　◉塩分8.3g（全量）　◉10分*

＊冷ます時間は除く。

① – 焼きのりは2cm四方くらいにちぎり、鍋に入れる。**A**を加えて弱めの中火にかけ、梅干しをくずして種を除きながら混ぜる。

② – 梅干しの果肉が細かくなって全体がしっとりとしたら、しょうゆ小さじ1を加えて混ぜる。

③ – 火から下ろして冷まし、清潔な保存容器に移す。冷蔵庫で約2週間保存可能。

切り干し大根は私の大好物です。素朴でひなびた食材ですが、いろいろな調理法で楽しめるのがいいところ。甘辛く煮ても、水で戻してギュッと絞ったものをサラダやあえ物にしても。ごま油やナムプラーとも相性がいいですね。家族のために、というより、自分が食べたくてつくるのが「梅切り干し」です。

家にある野菜やきのこをサッと炒め、切り干し大根と戻し汁と酒、梅干しを加えて煮含めるだけ。うす味のように見えて、うまみたっぷりです。冷蔵庫で4~5日間保存がきくので、常備菜としても。と言いながら実際は、つくったその日にほとんど私が食べてしまうんですが。

材料（3~4人分）
切り干し大根（乾）　30g
さやいんげん　8本
生しいたけ　2枚
梅干し　（大）2コ（40g）
●ごま油・酒

◉40kcal　◉塩分1.1g　◉30分

①– 切り干し大根はサッともみ洗いし、ヒタヒタの水に6分間つけて戻す。さやいんげんは両端を切り落とし、斜め切りにする。しいたけは軸を除き、薄切りにする。

②– 鍋にごま油小さじ1を中火で熱し、さやいんげんとしいたけを炒める。油が回ったら、切り干し大根を軽く絞って加え、戻し汁を鍋の深さの半分まで加える。

③– 酒大さじ1と梅干しを加え、菜箸で果肉をくずしながらひと煮立ちさせてアクを取る。

④– ふたをして弱めの中火にし、時々混ぜながら約8分間、汁けがなくなるまで煮る。清潔な保存容器に入れ、冷蔵庫で4~5日間保存可能。

流水をかけながら手でもむように洗って絞り……

ヒタヒタの水で堅めに戻します。ちょっと歯ごたえを残すのが、私の好み。

戻し汁も煮汁に使います。

梅干しをくずしてまんべんなく混ぜましょう。

こんもり盛るとおいしそう！

第9位
梅切り干し

第10位 梅と干ししいたけのスープ

ベスト10の最後を飾るには地味？　渋すぎる？　でも私だけじゃなく、夫と中学生の息子、男性陣にも好評なんですよ。

干ししいたけは肉厚なものを冷水に浸して冷蔵庫でゆっくりと戻すのが、いちばんおいしい戻し方。戻し汁にはうまみ成分が最大限に引き出され、しいたけもふっくらとします。これに加えるのが自家製の梅干し。なんてぜいたくなスープでしょう！

材料（3~4人分）
干ししいたけ　4~5枚（20g）
ねぎ　10cm
梅干し　（大）3コ（60g）
●酒

◉15kcal　◉塩分1.7g　◉25分*
＊干ししいたけを戻す時間は除く。

①－干ししいたけは布巾でサッと汚れを拭き、保存瓶に入れる。水カップ5を加え、冷蔵庫に一晩おいて戻す。

②－ねぎは縦に切り目を入れて芯を除き、5分間ほど水につけて外側の薄皮を1枚むく。縦にせん切りにし、シャキッとするまで水にさらす（白髪ねぎ）。

③－**1**のしいたけを鍋に入れ、しいたけの戻し汁全量、酒大さじ2を加える。梅干しを軽くくずして加え、中火にかける。煮立ったらアクを取り、ふたをして弱火で約15分間煮る。

④－しいたけを取り出して軸を除き、2~3等分に切って器に入れる。汁を注ぎ、白髪ねぎの水けをよくきってのせる。

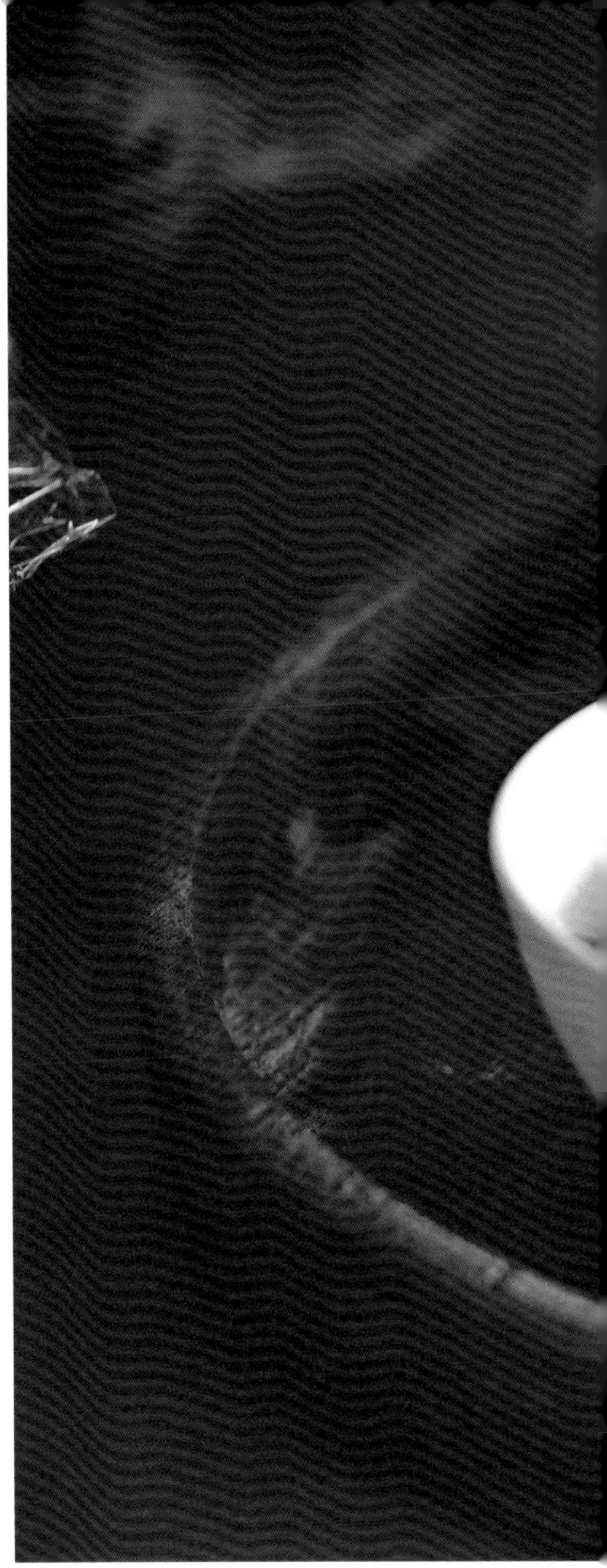

干ししいたけを戻すのには、麦茶用のポットを使うと冷蔵庫でも収まりがよく、戻し汁も使いやすいです。

決してグラグラ沸かさないこと。このアクを取ったら弱火にします。

「どうせ切るなら薄切りの干ししいたけでも」って？　大きいものをふっくらと煮るからおいしいんです！

特に冬の寒い日や少し体調をくずして「かぜをひきそうかな」と感じるとき、体が欲する滋味深い味。しょうゆをちょっぴり足して、にゅうめんやうどんの汁にするのもまた、いいものです。

column 2

わが家の梅ライフ

毎年たくさんの梅を漬けて、
毎日いろいろな料理に使っているので、
梅干しは大きなつぼに入れて
すぐ手の届くところに置いています。
自家製ならではの風味をしみじみ味わいながら、
大事に食べていますよ。

種はしょうゆに

手塩にかけた自家製の梅干しは、
果肉を使ったあとの種やつぶれた実も
おいそれとは捨てられません。
しょうゆを入れた瓶にポンポンと漬けて、
風味のよい梅じょうゆに。
お刺身につけたり、冷ややっこにかけたり、
あえ物に使ったりと重宝しています。
焼きおにぎりのたれとしても最高です！

砂糖をまぶして

結婚前はしょっぱい梅干しを
食べる習慣がなかった夫。
私が漬けた梅干しをそのまま食べるのはちょっと……、
というわけで砂糖をまぶしてみたら、
これがなかなかいける！
おかげさまで、私の梅干しの味にも
だんだん慣れてくれました。
どうやら二日酔いの朝は、これでしのいでいるようです。

毎年、初夏には
複数の産地から梅を取り寄せて、
たっぷり1年間分の梅干しを漬けています。
黄色い完熟梅が出回る前には、
堅く青々とした青梅の保存食づくりも楽しみ!
梅雨のうっとうしさも忘れて、
心いやされる手仕事です。

私の梅仕事

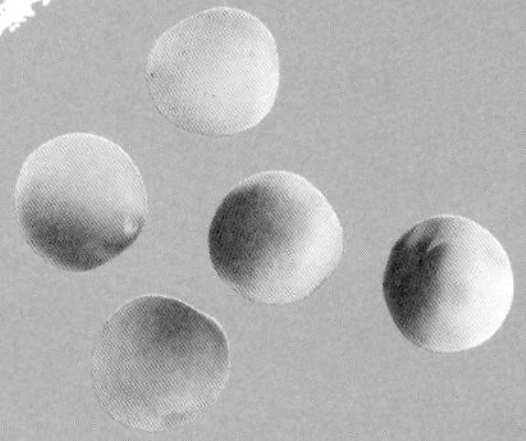

梅干しに「完熟梅」

香りがよく、全体が黄色く熟した梅を使います。熟していない梅では梅酢が上がりにくいので注意。

・容量4～5ℓのホウロウ製のふた付き容器
・1kg（梅と同じ重量）のおもし

シロップ、りんご酢漬け、甘露煮に「青梅」

青々としてなるべく傷のない梅を選びます。

・容量3～4ℓの耐熱ガラス製の保存瓶

＊容器やおもしは熱湯を回しかけて完全に乾かし、中ぶたやパッキンとともに、焼酎（35度以上）か食品用アルコールをしみ込ませた布巾で拭いて消毒します。

完熟梅で

梅干し

果物のような甘い香りが出るまで
熟した梅を、塩漬けにして保存。
夏の強い日ざしのもとで
3日間干します。
塩分が多いほどかびが生えにくく
失敗も少ないのですが、
しょっぱすぎても食べにくい……。
いろいろな塩分濃度で試した結果、
13%でもうまくつくれるように
なりました。
使う梅の状態や保存する環境にも
左右されるので、まずは
14%から試してみてください。

塩漬け

6月上旬〜下旬

完熟梅が手に入ったら、
まずは塩漬けに。
梅に塩が浸透する間に
エキス（梅酢）が引き出されます。
梅の熟し加減が足りなければ、
ざるに広げて
追熟してから漬けましょう。

材料（つくりやすい分量）
完熟梅　1kg
粗塩　140g*
焼酎（35度以上）　適量
＊梅の重量の14%。

1.
梅はサッと洗い、なり口のヘタを竹串で除く。かぶるくらいの水につけ、6時間ほどおいてアク抜きをする。水けを拭き、ざるに広げて乾かす。
「しっかり乾かすことが大切！」

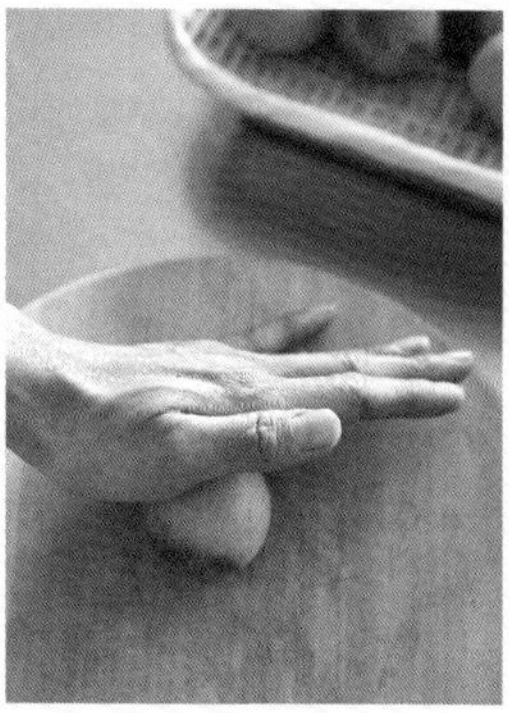

2.
布巾に焼酎をしみ込ませ、**1**の梅を1コずつ拭く。まな板も、焼酎をしみ込ませた布巾で拭いて梅をのせ、手で軽く押してコロコロと転がす。
「梅の繊維が壊れ、梅酢が出やすくなります」

3.
容器に塩の⅓量を入れ、梅と残りの塩を2回に分けて交互に入れる。ラップを2枚重ねにして表面を覆い、おもしをのせてふたをする。

4.
直射日光の当たらない場所に置き、梅酢が上がるのを待つ。1日1回、容器を傾けてグルグルと回す。
「かびが生えないように、梅酢を全体に行き渡らせます」

5.
ヒタヒタになるまで梅酢が上がったら、おもしを外し、土用干しまでおく。
「梅酢が上がらなければ、おもしを1.5倍に増やして**4**を続けましょう」

6月中旬〜下旬

赤じそ漬け

梅酢が上がったら、塩もみした赤じそを加えると赤じそ漬けに。梅酢も赤く色づきます。白梅干しにする場合は、この作業を省略して土用干しまでおきます。

赤じそはふりかけに！

梅を漬けたあとの赤じそも、汁けをきってカラカラになるまで2日間ほど干し、フードプロセッサーにかければ、赤じそふりかけになります。

材料
赤じそ　（正味）300g
粗塩　60g*
梅酢（P.31参照）　カップ½
＊赤じその重量の20%。

1.
赤じそは葉を摘み、たっぷりの水でよく洗ってざるに上げる。水けを拭き、ざるに広げて乾かす。

2.
ボウルに入れて塩の半量を加え、よくもむ。アクが出てきたら絞り、絞り汁は捨てる。これをもう一度繰り返し、しっかりと絞って別のボウルに移す。

3.
梅酢を加えて全体になじませ、鮮やかに発色させる。

4.
塩漬けにした梅に梅酢ごと加え、土用干しまでおく。

7月下旬～8月上旬

土用干し

梅雨が明けて晴天が続くころを見はからい、3日間屋外に干します。天気が悪くなって連続して干せなければ一度梅酢に戻し、晴れた日に合計で3日間干せば大丈夫。

梅酢も保存!

梅の香りと塩けがついた、酸味のまろやかな酢です。肉や魚の下味に、あえ物やドレッシングにと大活躍。

保存

直射日光を避けて常温で保存。すぐに食べられますが、半年～1年間おくと、うまみが増します。

[1日目・2日目]

1. 梅の汁けをきり、間隔をあけてざるに並べる。風通しがよくなるようにバットなどにのせ、朝7～9時ごろから屋外に干す。

2. 午後3時ごろに取り込んで梅酢に戻し、2日目も同様に干す。

[3日目]

3. 3日目も同様に干し、梅酢も容器ごと日光に当てる。梅はそのまま一晩おき、夜露に当てる。

[4日目]

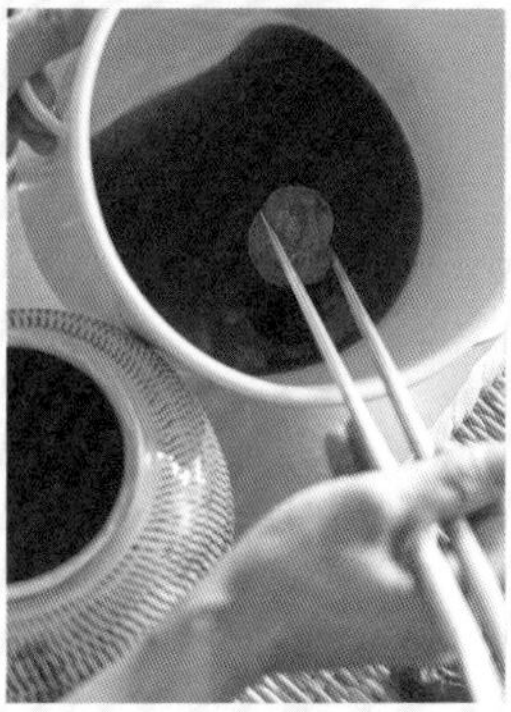

4. 翌朝取り込み、一粒ずつ梅酢にサッとくぐらせて保存容器に入れる。

青梅シロップ

青梅で

青梅のりんご酢漬け

冷凍青梅

青梅は、凍らせると組織が壊れて果汁が出やすくなります。
これを氷砂糖や酢に漬ければ、おいしい「ドリンクの素《もと》」に。

1.

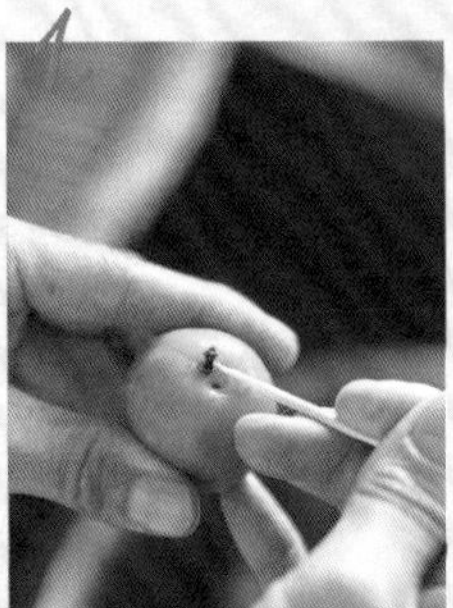

青梅はサッと洗い、なり口のヘタを竹串で取り除く。

2.

かぶるくらいの水につけ、30分間ほどおいて汚れを落とす。

3.

水けを丁寧に拭き、フォークで3～4か所刺して穴をあける。

4.

冷凍用保存袋に入れ、1～2日間冷凍する。

青梅シロップ

水やお湯で割って、甘酸っぱいドリンクに。
シャーベットなどのスイーツにしても。

材料（つくりやすい分量）
青梅　1kg
氷砂糖　1kg
酢　大さじ1

①－青梅はP.34を参照して冷凍する。

②－消毒した保存瓶に冷凍青梅と氷砂糖を3回くらいに分けて交互に入れ、酢を回しかける。直射日光の当たらない場所に置き、時々揺すりながら7〜10日間おく。

③－氷砂糖が溶けたら梅を取り除き、鍋でひと煮立ちさせてから、消毒した保存瓶に移す。

保存　常温で1年間（ふたを開けたら冷蔵庫で保存する）

青梅のりんご酢漬け

すっきりとしたドリンクやドレッシングに。
梅も刻んで料理に使えます。

材料（つくりやすい分量）
青梅　1kg
りんご酢　カップ5

①－青梅はP.34を参照して冷凍する。

②－消毒した保存瓶に冷凍青梅を入れてりんご酢を注ぎ、直射日光の当たらない場所に2週間ほどおく。

保存　常温で1年間

青梅の甘露煮

全体が青くて傷のない、
きれいな青梅でつくります。
キリッと冷やせば、極上のデザートに。

材料（つくりやすい分量）

青梅　500g

A
- グラニュー糖　300g
- 水　カップ2

1.

青梅はサッと洗い、なり口のヘタを竹串で除く。かぶるくらいの水につけ、6時間ほどおいてアク抜きをする。水けを拭き、竹串で3~4か所ずつ穴をあける。

2.

梅が重ならずに並ぶ大きさの鍋に、ヒタヒタになる量（カップ3~4）の水を入れ、45℃に温める。**1**の梅を入れ、弱めの中火で煮立たせないように5分間ゆでて、網じゃくしでやさしく取り出す。

3.

鍋の水をかえて40℃に温め、**2**の梅を2分間ゆでて取り出す。鍋を洗って梅を戻し、**A**を順にそっと加えて中火にかける。40℃くらいになったら火を弱め、2~3分間煮る。

4.

火を止めて、不織布タイプの紙タオルで落としぶたをし、味を含ませながら冷ます。消毒した保存容器に煮汁ごと入れ、冷蔵庫に3日間以上おく。

保存　冷蔵庫で半年間

梅干しを調味料として使うなら。

梅だけで。何も足さずに
塩やしょうゆ、酢のように。

梅＋だしで。うまみの
相乗効果を実感できます。

梅＋油で。和洋を問わず、
使いみちが広がります。

塩け、酸味、熟成したうまみと
フルーティーな香りを
兼ね備えているから、
あれこれ加えずに味つけ完了！

梅料理の法則

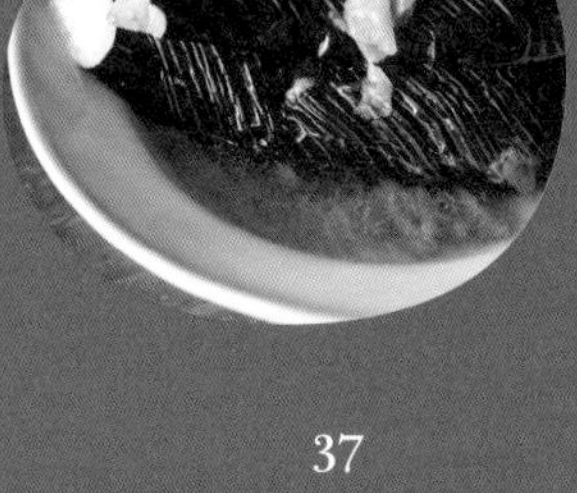

味つけは

梅だけ

急いで料理している日は、とりあえず材料を
切ったりゆでたりしながら、
「味つけはどうしよう?」と考えます。
塩かしょうゆか、甘みをつけるか酸っぱくするか……。
迷ったときは、梅干しをポン!
これぞ究極の時短味つけテクニックです。

梅もやし炒め

もやし炒めのコツは、面倒でもひげ根を取っておくこと。せっかくひげ根を取ったもやしですから、手早くシャキッと仕上げたいですね。カンカンに熱した鉄の中華鍋においしい油をなじませたところに、もやしをジャッ! たたいた梅干しをサッと混ぜれば完成です。

材料（2人分）
もやし　1袋（250g）
梅干し　（大）1コ（20g）
●ごま油・こしょう

◉60kcal　◉塩分1.1g　◉5分*
＊もやしのひげ根を取る時間、水にさらす時間は除く。

①－もやしはひげ根をできるだけ取って水にさらし、シャキッとしたら水けをきる。梅干しは種を除き、果肉を包丁でたたく。

②－中華鍋（またはフライパン）にごま油小さじ2を強火で熱し、もやしをサッと炒める。梅干しを加え、手早く3～4回炒め合わせる。すぐ器に盛り、こしょう少々をふる。

炒める時間は、ものの数十秒。ご覧のとおり、シャキシャキの仕上がり。

梅白あえ

なめらかな豆腐と梅干しのあえ衣は、どんな野菜もやさしく包み込んでくれます。パックに詰めて固められた「充填《じゅうてん》豆腐」を使えば、水きりいらずで簡単。

梅をつぶしながらすりすり……

なめらかになったら、ゆで野菜を加えます。湯をしっかりときれば、ゆでたてホカホカでも大丈夫。

すり鉢に豆腐を入れて梅干しをポン！

スナップえんどうの梅白あえ

梅の酸味で
スナップえんどうの
甘みが引き立ちます。
さやいんげんや
絹さや、アスパラでも。

材料（つくりやすい分量）
スナップえんどう　20〜25本（100g）
梅干し　（大）2コ（40g）
充填豆腐*　1パック（150g）
白ごま　少々
●塩

◉150kcal（全量）　◉塩分4.5g（全量）　◉10分

＊材料を容器に詰めて固めた豆腐。絹ごし豆腐を軽く水きりしたものでもよい。

①－スナップえんどうは筋を除き、塩少々を加えた熱湯で1分間ほどゆで、ざるに上げる。

②－すり鉢に梅干しと豆腐を入れ、すりこ木ですりつぶす。梅干しの種を除き、**1**を加えてあえ、器に盛って白ごまをふる。

れんこんの梅白あえ

れんこんは皮付きで
堅めにゆでるのが、
わが家流。
粉ざんしょうが合うので
お持ちなら、ぜひ！

材料（つくりやすい分量）
れんこん　300g
梅干し　（大）2コ（40g）
充填豆腐　1パック（150g）
粉ざんしょう　小さじ½
●酒・塩

◉300kcal（全量）　◉塩分4.8g（全量）
◉10分

①－れんこんはたわしでこすって洗い、皮付きのまま1cm厚さの半月形に切る。

②－鍋に湯を沸かして酒大さじ1と塩少々を加え、れんこんを中火で1分間ほどゆでる。ざるに上げ、水けをしっかりときる。

③－すり鉢に梅干しと豆腐を入れ、すりこ木ですりつぶす。梅干しの種を除き、**2**を加えてあえ、器に盛って粉ざんしょうをふる。

あじの梅たたき

魚屋さんやスーパーマーケットで
ピカピカのあじを見つけたら、
刺身用におろしてもらって、
急いで家に帰ります。
「薬味を買い忘れた！」と
慌てなくても大丈夫。
梅干しとねぎさえあれば、
しょうゆさえいらない
極上のたたきがつくれます。

材料（2人分）
あじ（刺身用／三枚おろし）
　2匹分（200g）
ねぎ　15cm
梅干し　（大）2コ（40g）
白ごま　小さじ2

◉140kcal　◉塩分2.5g　◉10分

骨と皮を除いた
あじを細切りに。

さらに細かくみじん切りにしていきます。

すし飯にのせてもいいですよ。

①– ねぎはみじん切りにする。梅干しは種を除き、果肉を細かくたたく。

②– あじは腹骨をすき取り、小骨があれば骨抜きで抜いて、頭側から尾に向かって皮をむく。包丁でみじん切りにし、細かくたたく。

③– ボウルに入れて**1**を加え、白ごまをふって混ぜる。

蒸し里芋の梅あえ

里芋の皮は生のまま包丁でむくよりも、
蒸したりゆでたりしてから、手でむくほうがずっと簡単。
ぬめりがあって生ではむきにくいのですが、
火を通せば皮がツルリとはがれます。
くずした梅もよくからみますよ。

蒸し上がった里芋を紙タオルで包むように持ち、アツアツをせっせとむきます。

材料（つくりやすい分量）
里芋　8コ
梅干し　（大）2コ（40g）
削り節　10g

◉280kcal（全量）　◉塩分4.6g（全量）
◉20分

①－里芋は皮ごとよく洗い、蒸気の上がった蒸し器（またはせいろ）で約10分間蒸す。竹串がスッと通るくらいに火が通ったら、なるべく熱いうちに皮をむいてボウルに入れる。

②－梅干しを手でくずして**1**に加え、あえる。削り節を加え、サッと混ぜる。

たたき長芋とひき肉の梅炒め

芋類のなかでいちばん火の通りが早いのが、長芋。
肉のなかでいちばん火の通りが早いのが、ひき肉。
梅干しで味つけもスピーディーに決めましょう！

材料（2~3人分）
長芋　250g
鶏ひき肉　150g
しょうが（せん切り）　1かけ分
梅干し　（大）2コ（40g）
青じそ　5枚
●ごま油

◉180kcal　◉塩分1.5g
◉10分

①－長芋はよく洗って皮付きのまま、4等分ほどに切る。ポリ袋に入れ、すりこ木などで粗くたたく。

②－フライパンにごま油小さじ2を中火で熱してしょうがを入れ、香りがたつまで炒める。ひき肉を加えてサッと炒め、梅干しを加え、へらで梅干しをくずしながら炒める。

③－ひき肉に火が通ったら、**1**の長芋を加えて炒め合わせる。火を止めて、青じそをちぎって散らし、サッと混ぜる。

かじきとパクチーの梅春巻

具を炒めて冷ます
という手間もなく、
思いついたらすぐに
つくれる春巻です。
梅とパクチーの香りで
魚のくせも抑えられ、
シンプルながら
パンチのきいた味つけに。
たらや鶏のささ身で
つくるのもおすすめ！

味つけは

梅干しをくずしながら魚にもみ込んで。からみにくければ、酒を少々ふってもいいですよ。

まな板に皮をひし形になるように置いて、中央より手前に具を。

一巻き目はしっかり巻いて、あとはクルクルと。

いくつか切って、中も見せつつ盛りましょうか。

材料（8～10本分）
春巻の皮　8～10枚
かじき（切り身）　2切れ（200g）
梅干し　（大）2コ（40g）
パクチー　7本
A｜小麦粉　大さじ1
　｜水　小さじ2
●揚げ油

◉110kcal（1本分）　◉塩分0.6g（1本分）
◉20分

①－パクチーは6cm長さに切る。かじきは8～10等分の棒状に切ってバットに入れる。梅干しを加え、果肉をくずしながらもみ込む。**A**は混ぜ合わせておく。

②－春巻の皮にかじきとパクチーを等分にのせて巻き、巻き終わりに**A**を少々塗ってとめる。

③－フライパンに揚げ油を2cm深さまで入れて170℃に熱し、**2**を3～4本ずつ揚げる。時々上下を返しながら3～4分間揚げ、きつね色になったら取り出して油をきる。

梅＋だし で

梅干し入りのだしって、
なんでこんなにおいしいんでしょう。
どちらにも「和食ならでは」のうまみがあって。
それが掛け合わされることで、
日本人の心にしみ入る味わいが
生まれるのでしょうか。

私は「梅だし」を一度にたっぷりつくって、いろいろな野菜を浸します。

野菜の梅びたし

ゆでたり蒸したり、揚げたりと、その野菜にふさわしい方法で火を通し、梅干し入りのだしを含ませます。10分ほど浸してすぐに食べても、冷蔵庫に一晩おいても。

カリフラワーの梅びたし

カリフラワーの新しい食べ方、発見!

材料（つくりやすい分量）

カリフラワー　½コ

A
- 梅干し　(大)1コ(20g)
- だし　カップ1

●塩

◉50kcal（全量）　◉塩分2.4g（全量）

◉10分*

＊浸す時間は除く。

① – カリフラワーは小房に分ける。塩少々を加えた熱湯で2分30秒間ほどゆで、湯をきってバットに移す。

② – 鍋に**A**を入れて中火にかけ、梅干しをくずしながらひと煮立ちさせる。**1**が熱いうちに回しかけて浸す。

ミニトマトの梅びたし

大きいトマトでつくっても。

①– ミニトマトはヘタを取り、熱湯に30秒間ほどくぐらせて冷水にとる。すぐに皮をむき、紙タオルで水けを押さえ、バットに並べる。

②– 鍋に**A**を入れて中火にかけ、梅干しをくずしながらひと煮立ちさせる。**1**に回しかけて浸す。

材料（つくりやすい分量）

ミニトマト　15コ

A｜梅干し　（大）1コ（20g）
　｜だし　カップ1

◉50kcal（全量）　**◉塩分2.4g**（全量）

◉10分*

＊浸す時間は除く。

小松菜の梅びたし

みずみずしい季節の青菜で。

①– 小松菜は根元を落とし、塩少々を加えた熱湯で1分30秒間ほどゆでる。水にとって冷まし、水けを絞ってバットに入れる。

②– 鍋に**A**を入れて中火にかけ、梅干しをくずしながらひと煮立ちさせる。**1**に回しかけて浸す。

材料（つくりやすい分量）

小松菜　1ワ（200g）

A｜梅干し　（大）1コ（20g）
　｜だし　カップ1

●塩

◉35kcal（全量）　**◉塩分2.4g**（全量）　**◉10分***

＊浸す時間は除く。

揚げなすの梅びたし

そうめんにのせるのもおすすめ！

材料（つくりやすい分量）
なす　4コ

A
- 梅干し　（大）1コ（20g）
- だし　カップ1

●揚げ油

◉490kcal（全量）　◉塩分2.4g（全量）
◉15分*
＊浸す時間は除く。

①－なすはヘタを除いて縦半分に切る。皮側に斜めに細かく切り目を入れ、水にサッとさらす。

②－鍋に**A**を入れて中火にかけ、梅干しをくずしながらひと煮立ちさせて、バットに移す。

③－**1**のなすをざるに上げ、水けを拭く。揚げ油を170℃に熱してなすを入れ、2〜3分間揚げる。柔らかくなったら油をきり、熱いうちに**2**に浸す。

柔らかくなるまで揚げたほうが、味がよくしみます。

油から引き上げ、アツアツを「梅だし」に加えます。

冷たくしてもおいしいですよ。

梅ひたし豆

「ひたし豆」とは、乾燥の青大豆を水で戻してふっくらとゆで、
だしを含ませた素朴なおかず。
私はだしごと、せいろで蒸してつくります。
ここでも調味料がわりに、梅干し。
青大豆の甘みがやさしく、後を引きますよ。

青大豆はゆでこぼさずに、だしごと蒸し器で蒸すと豆のおいしさを逃さず、しっかり味わえるように思います。

材料（つくりやすい分量）
青大豆（乾）　200g
A｜だし　カップ2
　｜梅干し　（大）2コ（40g）

◉860kcal（全量）　◉塩分4.9g（全量）
◉50分*
＊豆を戻す時間、冷ます時間は除く。

青大豆は大豆の一種。枝豆とは違い、完熟した状態でも色が青い種類の大豆です。ひたし豆に使われるので、商品名には「青大豆」ではなく「ひたし豆」と記されていることも。

① – 青大豆はサッと洗ってボウルに入れ、かぶるくらいの水を加える。一晩おいて戻し、水けをきる。

② – 耐熱容器に**1**と**A**を入れ、梅干しをくずしてサッと混ぜる。蒸気の上がった蒸し器（またはせいろ）に入れて、強火で25~30分間蒸し、火を止めて余熱で15分間ほど蒸らす。

③ – 容器を取り出し、冷ましながら味を含ませる。完全に冷めたらふたをして、冷蔵庫で5~6日間保存可能。

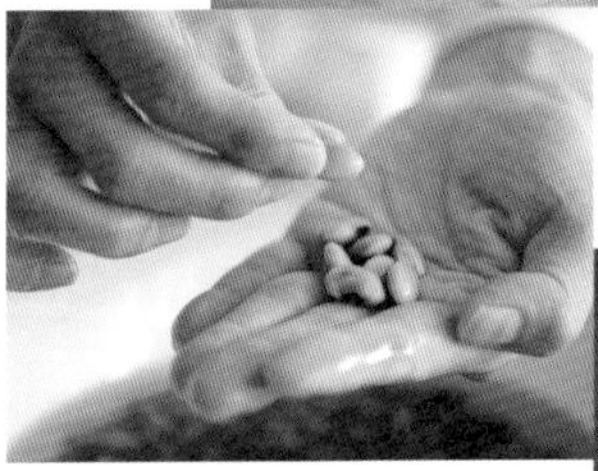

水で戻すと枝豆のようなだ円形に。皮にしわがなくなるまで、もう少し戻したほうがいいかな？

梅＋だし で

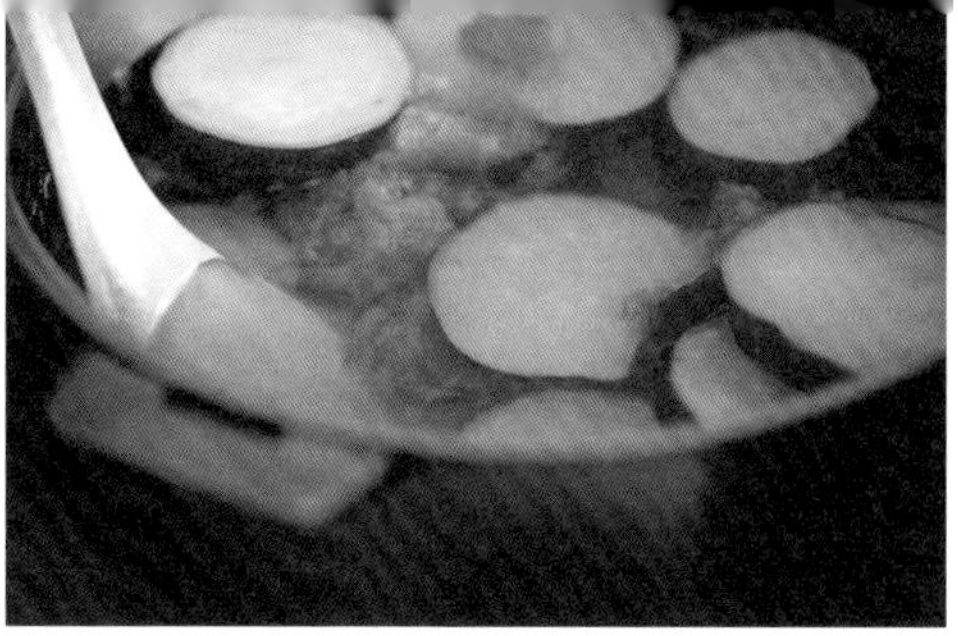

煮汁たっぷり。この汁もおいしいですよ。

梅干しの酸の効果で、
さつまいもの皮が色鮮やか。

さつまいもの梅煮

昆布と梅のだしが出た煮汁でゆっくり煮ると、さつまいもの自然な甘みが感じられます。

甘い煮物が苦手な男性陣にも、これなら好評！

①－さつまいもはよく洗い、皮付きのまま1cm厚さの輪切りにして水にさらす。

②－鍋に昆布を入れ、**1**の水けをきって加える。水をヒタヒタに注ぎ、梅干しを手でくずして加え、中火にかける。

③－煮立ったらアクを取り、落としぶたをして弱火で12分間ほど煮る。竹串がスッと入るくらい柔らかくなったら火を止め、そのまま粗熱を取る。

材料（つくりやすい分量）
さつまいも　（大）1本（500g）
梅干し　（大）2コ（40g）
昆布（5cm四方）　1枚

◉710kcal（全量）　**◉塩分5.0g**（全量）
◉20分*
＊粗熱を取る時間は除く。

梅+油で

ドレッシングの基本は、
塩と酢と油。その塩と酢の
両方を兼ねてくれるのが、梅干しです。
油を合わせると
塩けや酸味がまあるくなって、
個性的なドレッシングに。
サラダや揚げ物の味つけに使い、
洋風に仕立てると、
意外なおいしさに出合えます。

まるでデザートみたい？

モッツァレラは手でちぎります。

きょうは赤い梅干しを使いましょう。

梅モッツァレラ

赤じそ漬けの真っ赤な梅干しと、
真っ白なフレッシュチーズの
取り合わせ。
モッツァレラのもつ、
ほのかなミルク風味が際立ちます。

材料（つくりやすい分量）
梅干し（赤）　（大）1コ（20g）
モッツァレラチーズ　2コ（200g）
●オリーブ油・黒こしょう（粗びき）

◉680kcal（全量）　◉塩分2.6g（全量）　◉10分

①－梅干しは種を除き、包丁で果肉をたたいてボウルに入れる。

②－モッツァレラチーズを食べやすくちぎり、**1**に加えてあえる。器に盛って、オリーブ油大さじ1を回しかけ、黒こしょう少々をふる。

アボカドとハーブの梅サラダ

ねっとりとしたアボカドには、必ずキリッと酸味をきかせます。レモン汁やワインビネガーのかわりに梅干しを使ってみたら、大成功！

材料（3〜4人分）
梅干し　（大）2コ（40g）
アボカド　2コ
ルッコラ　50g
バジル（生）　30g
白ごま　小さじ2
●オリーブ油

◉210kcal
◉塩分1.1g　◉10分

① – 梅干しは種を除いて手でくずし、オリーブ油大さじ2を加えて混ぜる。

② – アボカドは縦半分に切って種と皮を除く。2cm角に切り、**1**に加えてあえる。

③ – ルッコラは食べやすく切り、バジルは大きめにちぎって器に盛る。**2**と白ごまを加え、ざっと混ぜる。

魚介の梅マリネ

「刺身にはわさびじょうゆ」と決めつけず、まあおひとつ、梅干しも試してみてください。

オリーブ油を回しかけたら、青じそよりもハーブを合わせたくなるはず。

メニューの幅が広がります。

材料（2~3人分）
梅干し　（大）2コ（40g）
たい（刺身用／さく）　150g
帆立て貝柱（刺身用）　7コ（150~200g）
ゆでだこ　120g
イタリアンパセリ　6本
●オリーブ油・黒こしょう（粗びき）

◉240kcal　◉塩分1.9g　◉10分

① – 梅干しは種を除いて手でくずし、ボウルに入れる。イタリアンパセリは粗く刻む。

② – たいと帆立ては紙タオルで水けを拭き、2cm角に切る。たこは洗って水けをしっかりと拭き、一口大の乱切りにする。

③ – **1**のボウルに**2**を加えてあえ、イタリアンパセリ、オリーブ油大さじ2を加えて混ぜる。器に盛り、黒こしょう少々をふる。

自家製の梅干しに、とっておきのオリーブ油。なんてぜいたく！

蒸しねぎの梅マリネ

蒸し料理が大好きです。
なんといっても失敗がなく、
ほったらかしにできるのがいいところ。
梅干しとオリーブ油で
マリネしながら蒸したねぎは、
トロリとして甘く、
梅の酸味とのバランスが絶妙。
ワインのお供にもピッタリです。

材料（つくりやすい分量）
ねぎ　3本
梅干し　（大）2コ（40g）
A｜白ワイン・オリーブ油　各大さじ4

◉610kcal（全量）　◉塩分4.5g（全量）
◉20分＊
＊蒸らす時間は除く。

①－ねぎは5cm長さに切り、耐熱バットに並べる。梅干しを手でくずして上にのせ、**A**を回しかける。

②－蒸気の上がった蒸し器（またはせいろ）で15分間ほど蒸し、火を止めて15分間ほど蒸らす。汁ごと器に盛る。

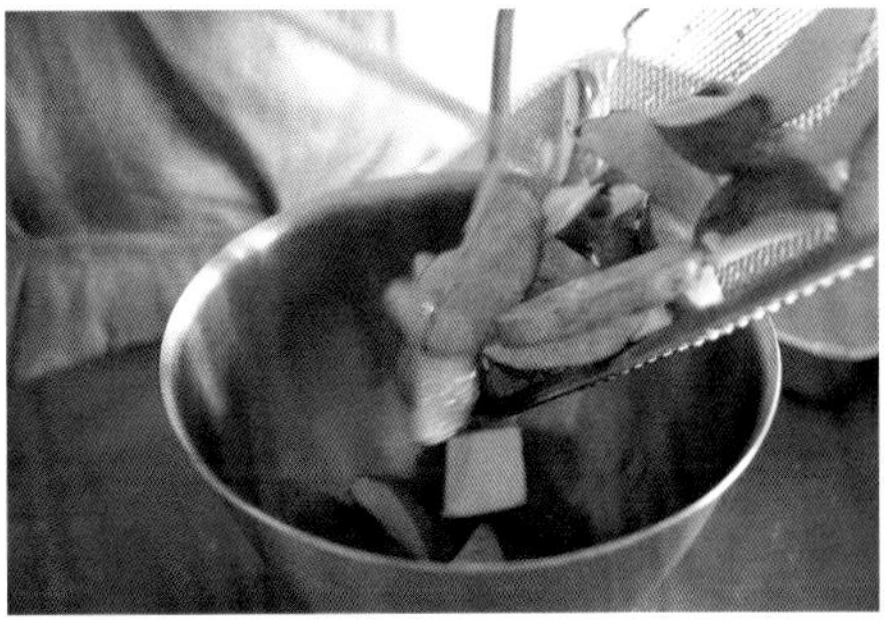

梅バターポテト

フライドポテトは禁断のおやつ。
バターであえるなんて、もってのほか!
梅味にすれば健康的かな?
酸っぱくてしょっぱくてこってりで
手が止まらないから、やっぱり「禁断」ですね。

材料(つくりやすい分量)
じゃがいも　(大)4コ(600g)
梅干し　(大)2コ(40g)
青のり粉　適量
●バター・揚げ油

◉730kcal(全量)
◉塩分4.8g(全量)　◉15分*
*じゃがいもを乾かす時間は除く。

①－じゃがいもはよく洗い、皮付きのまま6～8等分のくし形に切る。ざるに広げ、30分～1時間乾かす。

②－ボウルに梅干しを入れ、手でくずし、バター大さじ1を加えておく。

③－**1**を鍋に入れて揚げ油をヒタヒタに注ぎ、中火にかける。フツフツとしてきたら菜箸で全体を混ぜ、時々混ぜながら5～6分間揚げる。軽く色づいたら油をきり、**2**に加えてあえる。器に盛り、青のり粉をふる。

column 3

元気がない日は梅養生

ちょっと体調をくずしたとき、
「梅干しがあってよかった！」と
心からありがたく思います。
薬をのむ前に、梅干しと休養。
これで何度乗り切ってきたことでしょう。
私にとっては元気の「お守り」です。

食いしん坊のうちの家族にとって、
「食欲がない」のは一大事。
白いおかゆではますます
食がすすまないこともありますが、
そんなときは梅干しを1粒加えます。
しょっぱい梅干しのおかげで、おかゆは完食。
酸っぱさで元気も回復。
おなかの調子が悪いときにも、お世話になっています。
食べすぎた日の翌朝のごはんにも。

おかゆに梅干し

お茶に梅干し

かぜをひいたかな？
ひきそうかな？
背すじがゾクゾクとするような気がしたら、
梅干し入りの温かいお茶を飲んで体を温めます。
軽くほぐして風味をよく出し、
お茶や熱湯を何度もさしては飲んでいるうちに、
縮こまっていた体もほぐれてよく眠れます。

梅で毎日！おかずと麺

いつもの甘辛味に変化をつけたいとき、
こってり味や油っぽさをさっぱりとさせたいとき、
梅干しを加えれば間違いなし！
大きいおかず、小さいおかずに、鍋物や麺……。
私の日々のレパートリーは
「梅アレンジ」で、どんどん増え続けています。

鶏の梅照り焼き

みんなの大好きな甘辛い照り焼きのたれを、梅風味で。
しょうゆは仕上げの香りづけ程度で、
塩けとうまみは梅干しが担当します。
鶏肉は大きいまま、時間をかけて
パリッと焼いたところに、たれを加えてからめます。

厚手の鍋のふたなどでおもしをして、ジリジリと焼きます。皮がフライパンに密着してこんがり。

材料（2人分）
鶏もも肉　1～2枚（350～400g）
ピーマン　2コ
梅干し　（大）2コ（40g）
A｜酒・みりん　各大さじ1
●ごま油・しょうゆ

◉430kcal　◉塩分2.8g　◉20分*
＊鶏肉を常温におく時間は除く。

①－鶏肉は冷蔵庫から出して30分間ほどおき、余分な脂肪を取り除く。ピーマンはヘタと種を除き、縦に4等分に切る。

②－梅干しは手でくずしてボウルに入れ、**A**を加えて混ぜる。

③－フライパンにごま油小さじ2を中火で熱し、**1**の鶏肉の皮側を下にして入れる。重いふたなどで上から押さえつけ、じっくりと焼く。

④－皮がパリッとしたら裏返し、反対側を弱めの中火で7～8分間焼く。あいているところにピーマンを加え、焼き目をつける。

⑤－ピーマンを先に取り出して火加減を中火に戻し、**2**を加え、煮立たせながら肉にからめる。仕上げにしょうゆ小さじ½を回しかけ、取り出して食べやすく切る。器に盛って、ピーマンを添え、フライパンに残ったたれをかける。

フライパンに残ったたれがおいしい！　残さず回しかけましょう。

さばの梅照り焼き

魚料理でいい仕事をしてくれるのが、
梅干しやしょうが。
魚のくせも抑えられるし、
こってりとした甘辛い照り焼きでも、
あと味がさっぱりとしますね。

材料（2人分）
さば（二枚おろし）　1枚（½匹分／250g）
梅干し　（大）2コ（40g）
しょうが（せん切り）　1かけ分
A｜みりん・酒　各大さじ1
せり（ザク切り）　適量
●塩・ごま油・しょうゆ

◉360kcal　◉塩分3.3g　◉15分*

＊さばに塩をふっておく時間は除く。

①－さばは長さを半分に切る。塩小さじ⅓をふって10分間ほどおき、紙タオルで水けを拭き取る。

②－フライパンにごま油小さじ1を中火で熱し、しょうがを炒める。香りがたったら**1**のさばの皮側を下にして並べ、こんがりと焼き目がついたら裏返す。

③－**2**に梅干しをくずしながら加え、**A**も加えてふたをし、弱めの中火で6分間ほど蒸し焼きにする。ふたを取って中火にし、さばを返しながら汁けをからめ、しょうゆ小さじ½を加えてなじませる。

④－器に盛って、フライパンに残ったたれをかけ、せりを添える。

このたれだけでも白いご飯がすすんで、
困っちゃうほどです。

ぶりの梅照り焼き

さばの梅照り焼きと、
つくり方はほぼ同じ。
その時季に手に入りやすい
新鮮な魚を選ぶのが、
唯一のコツです。

材料（2人分）
ぶり（切り身）　2切れ（200g）
梅干し　（大）2コ（40g）
しょうが（せん切り）　1かけ分
A｜みりん・酒　各大さじ1
オクラ　適量
●塩・ごま油・しょうゆ

◉310kcal　◉塩分3.1g　◉15分*
＊ぶりに塩をふっておく時間は除く。

①－ぶりは塩小さじ⅓をふって10分間ほどおき、紙タオルで水けを拭き取る。オクラはガクの周りをグルリと切り取り、縦半分に切る。

②－フライパンにごま油小さじ1を中火で熱し、しょうがを炒める。香りがたったら**1**のぶりを並べ、こんがりと焼き目がついたら裏返す。

③－**2**に梅干しをくずしながら加え、**A**も加えてふたをし、弱めの中火で6分間ほど蒸し焼きにする。ふたを取って中火にし、あいているところにオクラを加えてサッと火を通す。

④－ぶりを返しながら汁けをからめ、しょうゆ小さじ½を加えてサッとなじませる。器に盛ってオクラを添え、フライパンに残ったたれをかける。

梅干しの数はお好みで。私は「酸っぱいもの好き」なので3つ。

梅きんぴら

「ごぼうのおかず＝茶色いもの」というイメージがありますが、梅干し味のきんぴらは、けっこう色白。アクセントのごまは、白より黒が映えます。さっぱり、シャキシャキ。ごちそうおかずの合いの手に。

材料（つくりやすい分量）

ごぼう　（大）1本（200g）

A｜梅干し　（大）2〜3コ（40〜60g）
　｜酒・みりん　各大さじ1

黒ごま　少々

●ごま油

◉260kcal（全量）　◉塩分4.5g（全量）

◉15分

①－ごぼうはたわしでよく洗ってささがきにし、切ったそばからたっぷりの水にさらしてざるに上げる。

②－鍋にごま油小さじ2を中火で熱し、**1**のごぼうを炒める。透き通ってきたら**A**を加え、梅干しをくずしながら炒め煮にして汁けをとばす。

③－器に盛り、黒ごまをふる。

菜箸で梅干しをくずしながら混ぜていきます。

焼きしいたけの梅みそあえ

ふっくらと肉厚で、見るからに
おいしそうなしいたけが手に入ったら？
ジューシーな汁けを逃さぬように丸ごと焼いて、
「アチチ」と言いながら手で裂きます。
塩やしょうゆもいいけれど、梅みそあえなら
立派なご飯のおかずに。
すだちを搾って、ビールやお酒のおつまみにも。

材料（2~3人分）
生しいたけ　6~7枚
梅干し　（大）1コ（20g）
すだち　1コ
●みそ・酒

◉10kcal　◉塩分0.9g　◉10分

①－梅干しを手でくずしてボウルに入れ、みそ小さじ1を加える。ゴムべらでよく混ぜ、種を除く。

②－しいたけは石づきを切り落とし、酒小さじ2をふって魚焼きグリル（両面焼き）に並べる。中火で8分間ほど（片面焼きの場合は4分間ずつ）焼き、なるべく熱いうちに4等分に裂く。

③－**1**に**2**を加えてあえる。器に盛り、すだちを半分に切って添える。

牛すじとこんにゃくの梅煮

「牛すじを煮るなんて、上級者ワザ！」と思われるかもしれませんが、どうってことありません。

下ごしらえは、ゆでて洗ってアクを落とすだけ。

梅干しとしょうがをたっぷり加えてコトコト煮れば、くせもなく、トロリとした牛すじ煮のでき上がり。

しょうゆ味やみそ味が定番ですが、上品な梅味が目下のお気に入りです。

材料（3~4人分）
牛すじ肉　400g
こんにゃく　1枚（200g）
ごぼう　1本（150g）
梅干し　（大）3コ（60g）

A
- しょうが（皮付き／薄切り）　1かけ分
- 昆布（5cm四方）　1枚
- 酒　80mℓ

細ねぎ（小口切り）　3本分

◉160kcal　◉塩分1.8g　◉1時間30分

①－牛すじ肉は鍋に入れてかぶるくらいの水を加え、中火にかける。煮立ったら弱めの中火にし、10分間ほどゆでてざるに上げる。流水で洗って水けを拭き、一口大に切って鍋に入れる。

②－こんにゃくは熱湯で5分間ほどゆでて湯をきり、スプーンで一口大にちぎる。ごぼうは皮をこそげて洗い、一口大の乱切りにする。3分間ほど水にさらして水けをきる。

③－**1**の鍋に**2**と**A**を加え、梅干しを加えてくずす。水をヒタヒタに加えて中火にかける。

④－煮立ったらアクを取って弱火にし、ふたをして、時々混ぜながら1時間ほど煮る。汁けが少なくなったら器に盛り、細ねぎを散らす。

梅つくね

この大きなつくね、魚焼きグリルで焼いたんですよ。
表面はカリッとしてこんがり。
アツアツにお箸を入れると、梅風味の肉汁がジュワーッ。
肉ダネには梅干しが入っているから塩いらずです。
たれのかわりに卵黄をトロリとつけて！

材料（2人分）

A
- 鶏ひき肉　350g
- 梅干し　（大）2コ（40g）
- ねぎ（みじん切り）　½本分
- 卵　1コ
- かたくり粉　大さじ1
- 酒　小さじ2

卵黄・七味とうがらし　各適宜
●ごま油

◉480kcal　◉塩分2.5g
◉20分

①－ボウルに**A**を入れ、梅干しをくずしながら手でよく混ぜる。粘りが出たら、種を取り除く。

②－アルミ箔《はく》を魚焼きグリルの網より一回り小さく切り、ごま油小さじ1を塗る。

③－**1**を2等分にしてラグビーボール状に丸め、**2**にのせる。魚焼きグリルに入れ、両面焼きの中火で8～10分間焼く。こんがりとしたら上にアルミ箔をかぶせて（片面焼きの場合はここで上下を返して）、さらに3～4分間焼く。

④－竹串を刺してみて、澄んだ汁が出れば焼き上がり。まだ火が通っていなければ、数分間、追加で焼く。器に盛り、好みで卵黄を添え、七味とうがらしをふる。

大根と油揚げの梅おでん

どうです！
超シンプルなのに、
このごちそう感。
おでんの具・人気ナンバーワンの
大根を思いきり
主役に仕立てました。
トロリと煮えたねぎもまた絶品。

下ゆでした大根をズラッと並べて……

ふたをしてコトコト。その間に肉でも
焼いちゃいましょう。

材料（3~4人分）

大根　800g

米のとぎ汁　適量

ねぎ　2本

油揚げ（厚めのもの）　2枚

A
- 昆布（5cm四方）　1枚
- 酒　カップ½

梅干し　（大）3コ（60g）

◉170kcal　◉塩分1.7g　◉45分

①－大根は3cm厚さの輪切りにし、厚めに皮をむいて縁の角を削り取る（面取り）。片面に深めに十文字の切り目を入れて鍋に入れ、米のとぎ汁をかぶるくらいに加えて中火にかける。沸騰したら弱めの中火にして10分間ほどゆで、ざるに上げて流水で洗う。

②－ねぎは5cm長さに切る。油揚げは熱湯にサッとくぐらせて湯をきり、粗熱を取って6等分の三角形に切る。

③－土鍋に**A**を入れて**1**と**2**を並べ、かぶるくらいに水を注ぐ。梅干しを手でくずして加え、中火にかける。煮立ったらふたをして弱火にし、20分間ほど煮る。

梅しゃぶしゃぶ

夏でも冬でも食べたくなる、
さっぱりとした鍋物です。
梅干し入りで薬味もどっさり。
夏バテ知らず、かぜ知らず。

材料（2~3人分）
豚ロース肉（しゃぶしゃぶ用）　300g
わかめ（塩蔵）　80g
青ねぎ　5本
みょうが　4コ

A
- 梅干し　（大）3コ（60g）
- 昆布（5cm四方）　1枚
- 水　カップ3½
- 酒　カップ½

◉280kcal　◉塩分2.9g　◉15分

①－わかめは洗って塩を落とし、たっぷりの水に5分間ほどつけて戻す。水けをきり、食べやすく切る。青ねぎは斜め薄切り、みょうがは縦半分に切って斜め薄切りにし、それぞれ水にさらす。シャキッとしたら水けをきる。

②－鍋にAを入れて中火にかける。煮立ったら梅干しをくずし、1と豚肉を適量ずつ加え、サッと火を通して取り分ける。

くずした梅干しと薬味を肉で巻いて。
たれをつけなくてもおいしいですよ。

鍋のしめはうどん！　頃合いを見てうどんをゆでておき、最後に投入します。稲庭うどんなど、細くてコシのあるものがおすすめです。

梅チャーシュー

チャーシューといっても、
中華風の本格的な「あぶり焼き」ではなく、
ラーメン屋さんでトッピングにする
「煮豚」風のチャーシューです。
トロリとした梅干しと一緒にご飯にのせて、
丼仕立てにするのもおすすめ。
量が多くても少なくても
かかる手間と時間は同じですから、
手持ちの鍋に入るだけ、
たっぷりつくることにしています。

柔らかく煮えました！

小さい面も忘れずに焼き目をつけます。

紹興酒がチャイニーズな香りのもとに。日本酒でもいいですよ。

梅干しからおいしい味が出るように、ほぐしておきましょう。

アクを取ったら、ふたをして煮るだけです。

材料（つくりやすい分量）

豚肩ロース肉（塊）　700g

梅干し　（大）3コ（60g）

A
- ねぎ（青い部分）　3〜4本分
- しょうが（皮付き／薄切り）　1かけ分
- 紹興酒（または酒）　カップ1

パクチー（ザク切り）　適量

●ごま油

◉1780kcal（全量）　◉塩分7.4g（全量）

◉1時間10分＊

＊豚肉を常温におく時間、粗熱を取る時間は除く。

①－豚肉は冷蔵庫から出して30分間以上おき、鍋に入る大きさに切る。厚手の鍋にごま油小さじ2を中火で熱して豚肉を入れ、時々向きを変えて全面に焼き色をつける。

②－Aを加え、梅干しを加えてほぐし、水をヒタヒタに注ぐ。ひと煮立ちさせてアクを取り、ふたをして弱火で1時間ほど煮る。時々様子を見て、上下を返す。

③－汁けが1/3ほどになったら、火を止めて粗熱を取り、豚肉を取り出して食べやすく切る。器に盛り、パクチーを添える。

もう少し冷ましてもよかったかな？　でも、ホロホロしたところもおいしいですよね。

梅酢豚

甘酸っぱい酢豚の味つけに梅干し！
酢よりも酸味はまろやかで、砂糖より甘みはぐっと控えめ。
豚肉や野菜は小さめの角切りにして、油通しをせずに
炒めるので、軽やかでヘルシーな酢豚になりますよ。

材料（2人分）

豚ロース肉（豚カツ用）　200g

たまねぎ　⅓コ（70g）

ピーマン　2コ

パプリカ（赤）　½コ（70g）

A
- 梅干し　（大）2コ（40g）
- 水　大さじ4
- 酒　大さじ1

●ごま油・かたくり粉

◉350kcal

◉塩分2.3g　◉20分*

＊豚肉を常温におく時間は除く。

①– 豚肉は冷蔵庫から出して30分間ほどおき、3cm四方に切る。たまねぎは2cm角に切る。ピーマン、パプリカはヘタと種を除き、小さめの一口大に切る。

②– フライパンにごま油小さじ2を中火で熱し、豚肉を炒める。焼き色がついたら、たまねぎを加えてサッと炒め、**A**を加えて梅干しをくずしながら混ぜ合わせる。煮立ったらアクを取って弱めの中火にし、ふたをして7分間ほど蒸し煮にする。

③– ふたを取って中火にし、ピーマンとパプリカを加えて炒め合わせる。かたくり粉小さじ2を水大さじ1で溶いて回し入れ、手早く混ぜてとろみをつける。ごま油少々を回しかけ、香りをつける。

梅サンラータン

「酸っぱ辛いもの好き」な女性に人気のサンラータン。「梅干しを使ったらおいしいかも？」というひらめきが見事に的中！酢のかわりになるだけでなく、塩けとうまみもつけてくれるから、スープの素《もと》はいりません。ラー油とこしょうは多めにどうぞ。

材料（3~4人分）
たけのこ（水煮）　150g
たまねぎ　¼コ（50g）
豚ロース肉（薄切り）　150g
しょうが（せん切り）　1かけ分
梅干し　（大）2コ（40g）
A｜水　カップ2½
　｜酒　大さじ2
溶き卵　1コ分
ラー油・パクチー（ザク切り）
　各適量
●かたくり粉・ごま油・こしょう

◉170kcal　◉塩分1.2g　◉20分

①－たけのこは穂先と根元側に分け、根元側は薄いいちょう形に切る。穂先は縦半分に切り、縦に薄切りにする。たまねぎは縦に薄切りにする。

②－豚肉は細切りにし、かたくり粉大さじ1をまぶす。

③－鍋にごま油小さじ2を中火で熱してしょうがを炒め、香りがたったら豚肉を加えて炒める。色が変わったら**1**を加えてサッと炒め、梅干しを加え、へらでくずしながら混ぜる。

④－**A**を加えてひと煮立ちさせ、アクを取り、弱火で8分間ほど煮る。再び中火にし、溶き卵を回し入れる。ふんわりとしたら器に盛ってパクチーをのせ、ラー油とこしょう適量をふる。

梅干しをくずしながら炒めます。果肉をこそげた種からもいい味が出るので、除かずに。

注ぐのは水と酒。スープの素を使わなくても、豚肉と梅干しのうまみだけで十分。

ゴーヤーの梅チャンプルー

豆腐や卵や豚肉たちが、
ゴーヤーの苦みを
包み込みつつ盛り立てる。
そんなにぎやかなチャンプルーに、
梅干しが仲間入りしました。
この酸っぱさが、ナムプラーとは
一味違うアクセント!

溶き卵をジュワーッ。

トントントントン……

材料（3~4人分）
ゴーヤー　1本（200g）
木綿豆腐　1丁（300g）
ねぎ　½本
豚バラ肉（薄切り）　200g
溶き卵　2コ分
しょうが（せん切り）　1かけ分
梅干し　（大）2コ（40g）
●ごま油・酒・しょうゆ

◉340kcal　◉塩分1.3g　◉15分＊
＊豆腐を水きりする時間は除く。

①－木綿豆腐は紙タオルで包み、おもしをして30分間ほど水きりをする。ゴーヤーは縦半分に切ってワタを取り、薄切りにする。5分間ほど水にさらし、水けをきる。ねぎは斜め薄切りにする。豚肉は4~5cm幅に切る。

②－フライパンにごま油大さじ½を中火で熱し、溶き卵を流し入れて大きく混ぜる。ふんわりとしたら、一度取り出す。

③－フライパンにごま油大さじ½を足し、豚肉を炒める。焼き目がついたら、しょうが、ねぎを加えて炒め合わせ、**1**の豆腐を一口大にちぎって加え、サッと混ぜる。梅干しを加えてくずしながら混ぜ、酒大さじ1をふり、全体になじむまで炒める。

④－ゴーヤーを加えてさらに炒め、透き通ってきたらしょうゆ小さじ½をふる。**2**を戻し入れ、サッと炒め合わせる。

ゴーヤーは最後に
加えて歯ざわりよく、
色鮮やかに。

ここで梅干しの出番です。

ねぎをどっさり、豆腐はちぎって。

肉はこんがり、しょうがをパラパラ。

梅フィッシュカレー

エスニック料理が大好き。
インドではタマリンド、
スリランカではゴラカという
甘酸っぱい果実を干したものを
カレーの風味づけに使うのですが、
そのイメージで梅干しを使ってみました。
魚のくせを抑えてうまみを
深める効果は期待以上！
粉のスパイスは、全部そろわなければ
カレー粉で代用できるので
つくって食べて、アジア旅行を
味わってください。

①– さわらは塩小さじ¼をふって10分間ほどおく。紙タオルで水けを拭き取って半分に切り、小麦粉を薄くまぶす。

②– たまねぎは1cm幅のくし形に切る。パプリカはヘタと種を除き、縦に7~8mm幅に切る。

③– 鍋にオリーブ油大さじ1、にんにく、しょうが、クミンシードを入れて中火で熱し、香りがたったら**1**を並べ入れる。両面に焼き色をつけ、**2**を加えてサッと炒める。

④– **3**に**A**を順に加え、梅干しを加えてくずしながら混ぜる。煮立ったらアクを取り、ふたをして弱火で8分間ほど煮る。

⑤– ふたを取って**B**を加え、へらで混ぜて全体になじませる。ひと煮立ちさせて火を止め、器に盛ったご飯にかける。あればパクチーを添える。

材料（2~3人分）

さわら（またはかじき／切り身）　2切れ（200g）
たまねぎ　1コ（200g）
パプリカ（赤）　1コ
にんにく（すりおろす）・しょうが（すりおろす）　各1かけ分
クミンシード　大さじ1

A
- 酒　大さじ2
- ココナツミルク　カップ1
- 水　カップ½

梅干し　（大）2コ（40g）

B
- しょうゆ　小さじ2
- ターメリック（粉）　小さじ1½
- コリアンダー（粉）　小さじ1
- カイエンヌペッパー（または一味とうがらし）　小さじ½

ご飯（温かいもの）　適量
パクチー（ザク切り）　適宜
●塩・小麦粉・オリーブ油

◉670kcal　◉塩分2.4g　◉30分

ココナツミルクで異国の味に。

炒めすぎると魚がくずれてしまうので、大きく混ぜて。

スパイスと梅干しの効果で、長く煮込まなくても味に深みが出ます。

梅ボンゴレ

梅干しとセロリを加えた
スパゲッティボンゴレは、
香りがとっても華やか。
あさりと梅干しの塩けとうまみ、
スパゲッティのゆで汁で、
きちんと味が決まります。

材料（2人分）
スパゲッティ（1.6㎜）　160g
あさり（砂抜きしたもの）　300g
セロリ（茎）　1本（100g）
にんにく　1かけ
梅干し　（大）2コ（40g）
白ワイン　大さじ2
セロリの葉（細切り）　4枚分
●塩・オリーブ油

◉400kcal　◉塩分4.7g　◉20分

①– あさりは殻をこすり合わせて洗い、水けをきる。セロリの茎は筋を除き、斜め薄切りにする。にんにくは縦半分に切って芯を除き、たたきつぶす。

②– 鍋にたっぷりの湯を沸かして塩大さじ1を加え、スパゲッティを袋の表示どおりにゆでる。

③– フライパンにオリーブ油大さじ1と**1**のにんにくを中火で熱し、香りがたったら梅干しを加え、くずしながら混ぜる。セロリの茎とあさりを加えてサッと炒め、白ワインをふり、ふたをして2~3分間蒸し煮にする。

④– あさりが開いたら、**2**のゆで汁を80mℓほど加え、汁けが白っぽく乳化するまで煮立たせる。

⑤– スパゲッティがゆで上がったら、湯をきって**4**に加え、炒め合わせる。セロリの葉を散らし、サッと混ぜる。

ささ身とパクチーの梅混ぜ麺

お昼ごはんに、冷たい麺。めんつゆで食べるだけではさびしいので、
時にはたっぷり具をのせて。
どんな具でも、梅干しとごま油であえればバッチリです。

全体をよく混ぜて、いただきます！

材料（2人分）
うどん（乾／細いもの）＊　150g
鶏ささ身　4本（200g）
パクチー　8～10本
梅干し　（大）2コ（40g）
白ごま　少々
●酒・ごま油

◉440kcal　◉塩分3.3g　◉15分＊＊

＊冷や麦でもよい。
＊＊ささ身の粗熱を取る時間は除く。

①－ささ身は筋を除き、酒大さじ1を加えた熱湯で1分間ほどゆでる。火を止めて、そのまま粗熱を取る。パクチーは3cm長さに切る。

②－**1**のささ身を食べやすく裂いてボウルに入れ、梅干しを加え、手でくずしながら混ぜる。種を除き、パクチーとごま油大さじ1を加えてサッと混ぜる。

③－鍋にたっぷりの湯を沸かし、うどんを袋の表示どおりにゆでる。ざるに上げて流水で洗い、水けをしっかりときる。器に盛り、**2**をのせて白ごまをふる。

column 4

梅醤で一杯

自家製の梅干しでオリジナルの
調味料をつくるのは楽しいもの。
「梅醤（うめジャン）」もその一つです。
梅干しをみりんと一緒に
火にかけて練り混ぜ、
まろやかになったところに
削り節とすりごまを加えます。
しょうゆで味を調えれば完成。
白いご飯のお供にはもちろん、
肉に、魚に、野菜にのせたりあえたり。
梅醤があれば、どんな素材も
気の利いたおつまみに早変わり！

一仕事終わってのどがカラカラ。
「ビール、ビール！」と心がせいても
食いしん坊の飲んべえだから、
おつまみがなくては始まらない。
梅醤があってよかった～！

梅醤

材料（つくりやすい分量）
梅干し　（大）5コ（100g）
削り節　2パック（10g）
すりごま（白）　大さじ2
●みりん・しょうゆ

◉200kcal（全量）　◉塩分12.2g（全量）
◉10分*
＊粗熱を取る時間は除く。

①－小鍋に梅干しとみりん大さじ2を入れ、へらで梅をくずしながら混ぜる。弱火にかけ、絶えず混ぜながら煮立たせる。

②－梅干しの種を除き、削り節とすりごまを加えてよく混ぜる。全体がなじんだら、しょうゆ小さじ1を加えて混ぜる。

③－火から下ろして粗熱を取り、清潔な保存容器に入れる。冷蔵庫で1か月間保存可能。

梅醤かまきゅう

まずはこちらでおしのぎください。
もっと食べたい？　あなたも食べたい？
はいはい、すぐにつくりましょう。
……となること間違いなし。

材料（2人分）
きゅうり　1本
かまぼこ　50g
梅醤（P.84参照）　大さじ1

◉45kcal　◉塩分1.5g　◉5分

①－きゅうりはまな板に置いて、すりこ木などでたたく。全体にひびが入ったら、手で食べやすい大きさに割る。かまぼこは薄切りにする。

②－ボウルに**1**を入れ、梅醤を加えてあえる。

梅醤やっこ

夏は冷たい豆腐に、
冬は湯豆腐にのせて。

材料（2人分）
豆腐（絹ごしでも木綿でもよい）　½丁（150g）
梅醤（P.84参照）　小さじ2〜3

◉60kcal　◉塩分0.6g　◉5分

豆腐は軽く水けをきり、半分に切る。
器に盛り、梅醤をのせる。

一年中の梅ご飯

梅干しとご飯は切っても切れない仲。
お米に炊き込むのもいいものですよ。
「白いご飯に梅干し」のキリッとした関係とは
また違う、じんわりとした奥深い絆を感じます。
炊飯器でもＯＫですが、
想像以上に簡単なので、ぜひ鍋炊きでも！
ふたを開けたときの喜びはひとしおです。

ご飯炊き専用のずんぐりとした土鍋は、
ほぼ毎日お世話になっている
私の大切な「相棒」です。
勢いよく沸いてきたとき、
ふたの穴から吹きこぼれないようにと
菜箸を刺された姿は、ちょっとコミカル。

梅おかかご飯

季節を問わず、思い立ったら
いつでもつくれる炊き込みご飯です。
おにぎりにしても、お茶漬けにしても最高。
お弁当にも喜ばれますよ。

①－米は洗ってざるに上げ、10～15分間おく。

②－鍋に**1**と**A**を入れ、ふたをして強火にかける。沸騰したら弱火にして12分間炊き、30秒間ほど強火にしてから火を止めて15分間蒸らす。

③－梅干しをほぐしながらサックリと混ぜ、削り節を加えてさらに混ぜる。

材料（3～4人分）

米　360㎖（2合）

A
- 梅干し　（大）3コ（60g）
- 水　カップ1¾
- 酒　カップ¼

削り節　カップ1½

◉290kcal　◉塩分1.7g　◉40分*

＊米をざるに上げる時間は除く。

お茶碗《わん》に？　それとも
おにぎりにしますか？

削り節は「おかず」の
つもりで惜しげなく。

頑張らなくてもほぐれ
て混ぜやすい。

炊き込んだ梅干しは
柔らか～くなっています。

梅と新しょうがのご飯

「ちょっと汗ばむ
季節になってきたかな？」というころに
恋しくなるのが、新しょうがや梅干しの清涼感。
色白でみずみずしい新しょうがを
たっぷりせん切りにして、
梅干しとともにご飯に炊き込みましょう。
すがすがしい香りで、お刺身や
焼き魚のような和のおかずによく合います。

色が渋めの赤じそ漬けの梅干しを入れました。

材料（3~4人分）
米　360mℓ（2合）
新しょうが　80g
梅干し　（大）3コ（60g）
A｜水　カップ1¾
　｜酒　カップ¼
黒ごま　小さじ2

◉290kcal　◉塩分1.7g　◉45分＊
＊米をざるに上げる時間は除く。

このいい香りがとばないうちに手早く！

①－米は洗ってざるに上げ、10~15分間おく。新しょうがはスプーンで皮をこそげてせん切りにし、水にサッとさらして水けをきる。

②－**1**の米を鍋に入れ、梅干しをのせて新しょうがを散らす。**A**を加え、ふたをして強火にかける。沸騰したら弱火にして12分間炊き、30秒間ほど強火にしてから火を止めて15分間蒸らす。

③－梅干しをほぐしながらサックリと混ぜ、器に盛って黒ごまをふる。

白いお茶碗《わん》が似合いますね。

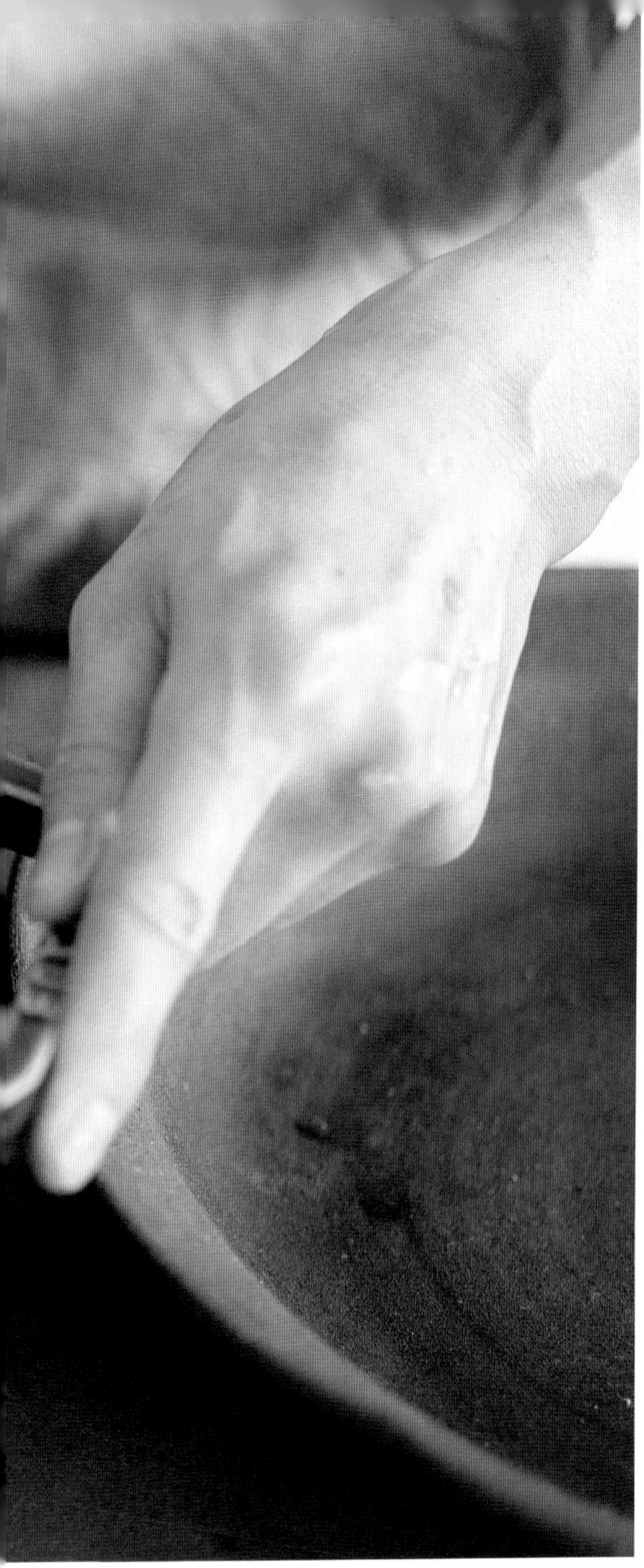

梅とうもろこしご飯

とうもろこしの黄色い粒々に、梅干しの赤。
とうもろこしの甘さと、梅干しの酸っぱさ。
この対比が楽しくて、見て元気に、
食べてもっと元気になるご飯です。
とうもろこしは芯も捨てずに加えて
夏の香りを余さず炊き込みます。

材料（3~4人分）
米　360mℓ（2合）
とうもろこし　2本

A	梅干し　（大）3コ（60g）
	水　カップ$1\frac{3}{4}$
	酒　カップ$\frac{1}{4}$

◉340kcal　◉塩分1.7g　◉45分*
＊米をざるに上げる時間は除く。

① - 米は洗ってざるに上げ、10~15分間おく。とうもろこしは包丁で実をそぎ落とし、芯は鍋に入る長さに切る。

② - **1**の米を鍋に入れ、とうもろこしの実と芯を加える。**A**を加え、ふたをして強火にかける。沸騰したら弱火にして12分間炊き、30秒間ほど強火にしてから火を止めて15分間蒸らす。

③ - とうもろこしの芯を除き、梅干しをほぐしながらサックリと混ぜる。

とうもろこしの実をザクザクとそいで……

大きい鉢にたっぷりよそって、皆で取り分けましょう。

この甘～い香りもお届けしたい！

芯も捨てずに炊き込みますよ。

梅れんこんご飯

れんこんは皮付きで。
炊き上がりにポチポチと浮き出る柄も、
歯ざわりも楽しい！
酸っぱい梅干しやすだちを合わせると、
れんこんとお米のもつ甘みが
しみじみと味わえます。

材料（3～4人分）
米　360mℓ（2合）
れんこん　300g
A
- 梅干し　（大）3コ（60g）
- 水　カップ1¾
- 酒　カップ¼

すだち（くし形に切る）　1コ分

◉320kcal　◉塩分1.7g　◉45分*
＊米をざるに上げる時間は除く。

①－米は洗ってざるに上げ、10～15分間おく。れんこんはたわしで皮をこすって洗い、皮付きのまま2cm角に切って水にさらす。

②－鍋に**1**の米を入れ、れんこんの水けをきって加える。**A**を加え、ふたをして強火にかける。沸騰したら弱火にして12分間炊き、30秒間ほど強火にしてから火を止めて15分間蒸らす。

③－梅干しをほぐしながらサックリと混ぜ、器に盛ってすだちを添える。

梅とゆり根のご飯

ゆり根の存在が
一気に身近になる炊き込みご飯。
バラバラにほぐして、
梅干しと一緒にお米にのせて炊けば、
程よく甘く、ホクホクに火が通ります。
しょっぱい梅干しとの相性も絶妙。
紅白の色合いもいいでしょう？

材料（3～4人分）
米　360mℓ（2合）
ゆり根　（大）1コ（120g）
A
梅干し　（大）3コ（60g）
昆布（5cm四方）　1枚
水　カップ1¾
酒　カップ¼

◉310kcal　◉塩分1.7g　◉45分*
＊米をざるに上げる時間は除く。

①－米は洗ってざるに上げ、10～15分間おく。ゆり根は洗って外側から1枚ずつはがし、傷んだ部分があれば包丁でそいで、水にさらす（途中ではがしにくくなったら根元を切り落とすとよい）。2～3回水をかえ、土やおがくずを除いて水けをきる。

②－鍋に**1**の米を入れ、ゆり根を広げてのせる。**A**を加え、ふたをして強火にかける。沸騰したら弱火にして12分間炊き、30秒間ほど強火にしてから火を止めて15分間蒸らす。

③－昆布を除き、梅干しをほぐしながら、ゆり根をくずさないようにサックリと混ぜる。

column 5

お茶の時間に

なんにも予定のない昼下がり。
仲よしのご近所さんが集まって、
おやつや漬物をずらりと並べて、
お茶とおしゃべり。
気持ちのいい縁側で正座なんかして、
ひとりでのんびり、
っていうのも、なかなかよさそう。
おばあちゃんになったら、
そんな時間を楽しみたいなあ……。
お茶請けの梅干しは、
ちょっと甘みがあるほうがいい。
小腹がすいたら、切り餅にからめてみようか。
楽しい想像をふくらませながらつくってみました。

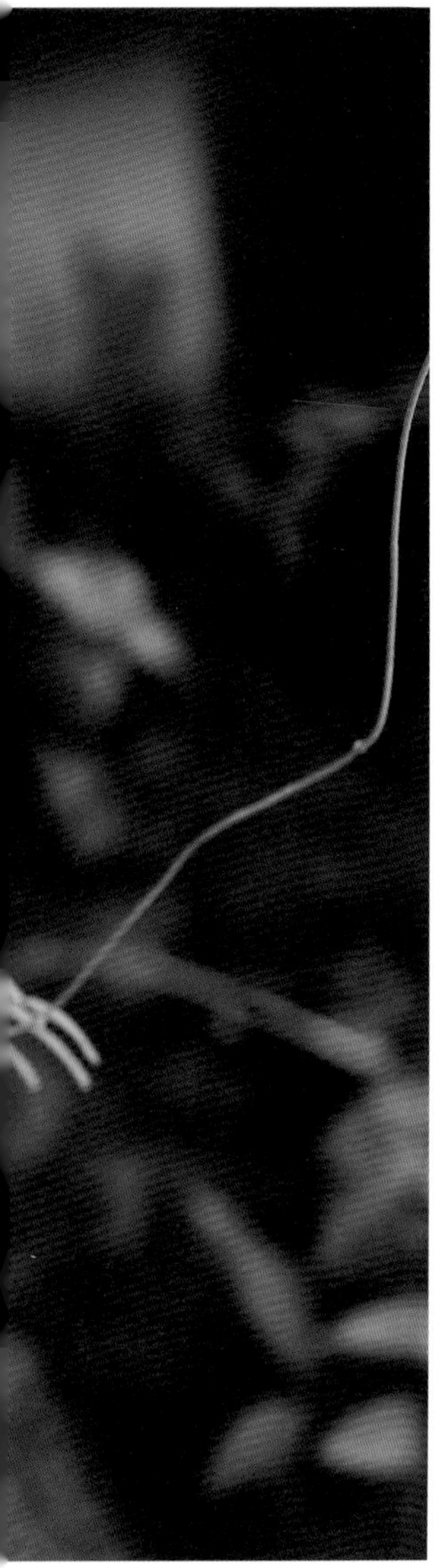

お茶請けにそのままかぶりつくには
ちょっと酸っぱいうちの梅干し。
煮きったみりんとはちみつに漬けておくだけで
ぐっとまろやかになりました。

はちみつ梅

材料（つくりやすい分量）
梅干し　（大）5~6コ（100g）
A｜みりん　80mℓ
　｜はちみつ　80g

◉440kcal（全量）
◉塩分11.2g（全量）　◉5分*
＊粗熱を取る時間、漬ける時間は除く。

① – 小鍋に**A**を入れて混ぜ、中火でひと煮立ちさせる。

② – 清潔な耐熱容器に梅干しを入れ、**1**が熱いうちに注ぐ。粗熱が取れたらふたをして、冷蔵庫に1~2週間おく。冷蔵庫で半年間保存可能。

梅からみ餅

お正月に余ったお餅を梅干しと大根おろしでからみ餅に。
梅の酸味としょっぱさで、大根おろしが甘く感じられますよ。

材料（2人分）
丸餅（または切り餅）　4コ
大根　300g
梅干し　（大）2コ（40g）
七味とうがらし　少々

◉220kcal　◉塩分2.2g　◉10分

①－大根は皮をむいてすりおろし、水けをしっかりと絞る。梅干しを加え、くずしながら混ぜる。

②－餅は焼き網でこんがりと焼く。器に盛って**1**をのせ、七味とうがらしをふる。

staff

ブックデザイン
高田明日美
（Permanent Yellow Orange）

撮影
宮濱祐美子

スタイリング
坂上嘉代

校正
円水社

栄養計算
宗像伸子

編集協力
小林美保子
日根野晶子

編集
奈良結子
小村郁世（NHK出版）

profile

ワタナベマキ

料理研究家。大学時代にデザインを学び、広告代理店勤務を経てグラフィックデザイナーに。2005年、勤務していたデザイン事務所でランチやケータリングを担い、料理の活動をスタートする。母や祖母から伝えられた手仕事に現代的なセンスをとり入れた、ナチュラルなレシピが人気。NHK「きょうの料理」をはじめ、テレビやウェブサイト、雑誌など幅広いメディアで活躍中。実用的なつくりおきレシピからエスニック料理まで得意分野は幅広く、著書も多数。

ワタナベマキの梅料理

2021年5月20日　第1刷発行
2022年6月10日　第5刷発行

著者　ワタナベマキ
ⓒ2021　Watanabe Maki
発行者　土井成紀
発行所　NHK出版
〒150-8081　東京都渋谷区宇田川町41-1
電話　0570-009-321（問い合わせ）
0570-000-321（注文）
ホームページ　https://www.nhk-book.co.jp
振替　00110-1-49701
印刷・製本　大日本印刷

Printed in Japan
ISBN978-4-14-033318-1　C2077